Kohlhammer
Taschenbücher

Band 1103

Gerhard Sennlaub

Spaß beim Schreiben oder Aufsatzerziehung?

Dritte Auflage

Verlag W. Kohlhammer
Stuttgart Berlin Köln Mainz

CIP-Kurztitelaufnahme der Deutschen Bibliothek

Sennlaub, Gerhard:

Spaß beim Schreiben oder Aufsatzerziehung? / Gerhard Sennlaub.
3. Aufl. – Stuttgart; Berlin; Köln; Mainz: Kohlhammer, 1985.
(Kohlhammer-Taschenbücher; 1103: Schulpraxis)
ISBN 3-17-009112-3
NE: GT

Dritte Auflage 1985

Stuttgart Berlin Köln Mainz
Verlagsort: Stuttgart
Umschlag: hace
Titelfoto: M. Seifert, Hannover
Gesamtherstellung: W. Kohlhammer Druckerei GmbH + Co. Stuttgart
Printed in Germany

»Aufsatzreform ist Unterrichtsreform!«

Fritz Gansberg 1914

Inhalt

Kapitel 1: Freude

Der Lehrer im Zentrum

Ich bin meiner Sache noch nicht sicher. Sicher weiß ich aber, was ich *nicht* will: Ich will im Aufsatzunterricht nicht einfach »drauflos« arbeiten: Thema ausdenken, Thema verkünden, eine Stunde zum Schreiben ansetzen, 45 Minuten schreiben lassen, Hefte einsammeln, zu Hause nachsehen, Zensuren ausdenken, Hefte zurückgeben, Berichtigung schreiben lassen.

Ein Großteil unseres Unterrichts läuft offenbar seit Jahren neben den Interessen der Kinder her, oft sogar *gegen* ihre Interessen. Anders ist nicht zu erklären, daß Begriffe wie »kindzentrierte Pädagogik« in Mode kommen konnten.

Daß solche Begriffe hoffähig in der Fachliteratur werden konnten, heißt aber noch nicht, nun habe sich ein neuer Trend durchgesetzt, Kinder hätten nun endlich Gelegenheit, zu spielen, zu tun und zu lernen, was zu spielen, zu tun und zu lernen sie ein Bedürfnis haben. Es heißt zunächst einmal nur, daß wir gemerkt haben: Ein »wissenschaftlicher« Unterricht hat sich ausgebreitet, der ohne Kinder genauso funktionieren könnte wie mit ihnen. Lehren ist wichtiger als Lernen geworden. Der Lehrer ist wichtiger geworden als der Schüler.

Tatsächlich: Der Lehrer bestimmt wesentlich die Ziele des Unterrichts und wie diese Ziele zu erreichen seien. Ziele und Wege läßt er von einer Theorie legitimieren, die sich von der Erfahrung gelöst hat. Was die Kinder wollen, was ihre Interessen und Bedürfnisse sind, ist in aller Regel keine Frage, auch nicht im Aufsatzunterricht. Unsere Schulen sind voll von Kindern, die erschrecken, wenn der Lehrer eine Lesestunde ankündigt, deren Handmuskeln verkrampfen, wenn sie die Aufforderung des Lehrers vernehmen: »Holt bitte die Schreibsachen 'raus!«, die Unlust verspüren, wenn ein Aufsatz angekündigt wird.

Und unsere Schulen sind voll von Kindern, die das alles überhaupt nicht interessiert.

Heute ist es bei Lehrern beliebt geworden, auf die Gesellschaft als Verursacher zu verweisen; letztlich seien Kapitalinteressen verantwortlich auch für unsere Schule, wie sie nun einmal ist. Besserung

sei erst nach einem grundstürzenden Wandel zu erwarten. Ich halte das für Unsinn, und das will ich in diesem Buch auch belegen.
Verursacher dieses Schadens kann nur die Schule selbst sein. Aber das sagt sich so leicht: »die Schule«! Das muß man schon konkret sagen: Verursacher können nur *wir* sein, ich und du, Lehrer, Schulaufsichtsbeamte und Gesetzgeber. Die Vermutung liegt nahe, daß wir Lehrer die Hauptschuldigen seien, denn bei uns schließlich lernen die Kinder schreiben. Offenbar erfahren viele in unserem Unterricht nicht »Faszination durch Sprache« (Wilhelm Gössmann, S. 56), sondern »Einschüchterung durch Schrift« (Hans Magnus Enzensberger, S. 181).

Scheinbare »Kindzentriertheit«

Der Modebegriff »kindzentrierte Pädagogik« zeigt an, daß viele von uns das Problem erkannt haben. Jetzt plötzlich, nach langen Jahren der technokratischen Planung, nach dem Traum von der omnipotenten Lenkung durch den Lehrer, nach all diesem Schein-Perfektionismus, gesammelt in Tonnen minutiöser Unterrichtsplanungen – jetzt endlich beginnen wir innezuhalten. Aber zeigen die neuen Schlagworte wirklich eine Kursänderung an?
Wir müssen die Kinder wiederentdecken, heißt die Parole. Das wäre die Zeit zum Aufatmen für die Pädagogen unter den Lehrern. Aber ich meine: Noch ist die Umkehr nicht vollzogen. Vielmehr scheint es, als hätten wir nur die Wimpel gewechselt, nicht den Kurs.
Denn was fordern unsere Didaktiker und was tun bereitwillig wir, die Lehrer? Jetzt wird »kindzentrierter Unterricht« *geplant* mit Lehr- und Lernzielen, grob und fein, operationalisiert und systematisiert. Anders, als daß der Lehrer über die »Schülerzentriertheit« verfügt, können sich viele das gar nicht vorstellen.
Zwar bedenken wir jetzt mehr, was wohl Kinder interessieren könnte. Aber nach wie vor sind *wir* es, die bestimmen, welche ihrer vermuteten Interessen und Bedürfnisse im Unterricht eingeplant werden.
Bisher waren Kinder Objekte in der *Vorstellung* von »Pädoexperten« (Hans Joachim Gamm), und nun sollen sie wieder *reale* Objekte aus Fleisch und Blut werden, Objekte, zu denen man sich herniederbeugt. Aber Objekte bleiben sie doch.
Wenn ein Lehrer sich Mühe gibt, mit seiner Klasse ein Projekt zu

bearbeiten, meint er oft schon, die »Interessen und Bedürfnisse« der Kinder stünden im Zentrum, bloß, weil Projektarbeit interessanter sei als das Angebot vieler »Sprachbücher«. Oder wenn eine Lehrerin sich um »kindgemäße« Aufsatzthemen müht, scheint ihr, sie mühe sich ebenfalls um die »Interessen und Bedürfnisse« von Kindern. Aber es kann einer ausschließlich mit Projekten arbeiten, es kann eine lauter »kindgemäße« Aufsatzthemen finden – und beide können doch fortwährend gegen die Interessen und Bedürfnisse von Kindern arbeiten.

»Schülerorientiertes« Schreiben

Es ist gar nicht einmal schwer, Lehrerinteressen auf »schülerorientierte« Weise durchzusetzen. Ich meine sogar, das geschehe in unseren Schulen recht häufig. Was heißt »schülerorientiert«? Gemeint ist offensichtlich, der Unterricht orientiere sich an den Schülern.

Wie weit wir es haben kommen lassen, ist daran abzulesen, daß weiße Schimmel dieser Art ausgerechnet in der Grundschule zu galoppieren beginnen. An wem eigentlich hat sich Unterricht zu orientieren, wenn nicht an den Schülern? Unsere Lehrergeneration ist vermutlich die erste, der man eine solche Selbstverständlichkeit als pädagogische Besonderheit andienen kann.

Was heißt »schülerorientiert« für den Aufsatzunterricht? Die Zeitschrift »Grundschule« hat soeben unter dem Sammeltitel »Praxis des schülerorientierten Unterrichts« auch »Schreibanlässe im Sachunterricht« vorgestellt (6/79). Ich wähle dieses Beispiel, weil es das jüngste ist. Hier ist nachzulesen, was »schülerorientiert« meint, nämlich: Wir setzen Kindern nicht einfach irgendwelche Aufgaben vor, sondern wir tun das auf eine bestimmte Weise.

Wenn Henry Meier (S. 266) seinen Schülern im Sachunterricht das Ziel setzt, Vorgänge und Abläufe zu beschreiben, dann wird er nicht einfach die Aufgabe stellen: »Zerstoße Körner im Mörser. Beschreibe genau, was du tust« (a. a. O.). Sondern er wird sich an den Schülern orientieren: Sie werden wissen, warum sie das tun sollen, werden Ähren sammeln, dreschen und schließlich im Mörser zerstoßen. Und den Vorgang des Brotbackens werden sie nicht beschreiben, ohne zuvor selbst Brot gebacken zu haben. Das alles ist für einen, der schülerorientiert arbeiten will, so selbstverständlich, daß Henry Meier es nicht einmal erwähnt. Offen gestanden:

Ich meine, solche »Schülerorientiertheit« sei das Mindeste, was man von einem Lehrer erwarten kann. Dafür, daß er sich an seinen Schülern orientiert, wird er schließlich bezahlt.
Aber können Kinder bei solcher »Schülerorientiertheit« tatsächlich ihre Interessen durchsetzen, ihre Bedürfnisse befriedigen? Wollen sie denn solche Anordnungen ausführen: »Zerstoße Körner im Mörser!« Die weitaus meisten tun das sicherlich gern. (Die Frage, ob sie es mit Einsicht tun oder bloß, weil der Lehrer es verlangt, sei aber wenigstens gestellt.) Nun aber weiter: »Beschreibe genau, was du tust!« Wollen die Kinder auch das? Macht es ihnen Freude? Verfolgen sie dabei ihre »Interessen und Bedürfnisse«? Sicherlich nicht.
Was die Kinder hier tun, dient tatsächlich den Lehr-Interessen des Lehrers. Henry Meier meint: »Sie schreiben, um sich über den Vorgang und Gegenstand Klarheit zu verschaffen, um ihn durch Schreiben schärfer sehen zu lernen und ihn sich so zu eigen und verfügbar zu machen« (a.a.O.). Das klingt, als sei das ihr Wunsch und Wille. Aber so ist es eben nicht. Die meisten Kinder haben nicht das geringste Interesse daran, den Vorgang des Körnerzerstoßens aufzuschreiben, und auf den Gedanken, sie könnten »durch Schreiben (ihr Körnermahlen) schärfer sehen lernen«, kommen sie nicht im Traum. Nicht der Kinder Bedürfnisse werden in diesem »schülerorientierten« Unterricht befriedigt, sondern die des Lehrers.

Maßnahmen gegen Bedürfnismangel

Robert Ulshöfer schreibt in seiner Mittelstufen-Methodik (gemeint ist die Mittelstufe des Gymnasiums!) klipp und klar: »Der Schüler hat kein unmittelbares Bedürfnis zur Untersuchung sprachlicher Erscheinungen« (1976, S. 33). Daß er in diesem Sprachunterricht arbeitet, bewirkt der Lehrer. Der hat das Ziel gesetzt, und das will er erreichen.
Henry Meiers Ziel hat Sönke Zander beschrieben: »Für das Schreibenkönnen ist die Fähigkeit zu entwickeln, den darzustellenden Gegenstand oder Vorgang aus dem Gedächtnis rekonstruieren zu können« (Meier, S. 267). Wollen das die Kinder? Ach wo. Der Lehrer will also etwas, das ihren Interessen zuwiderläuft. Was tut er, um sein Ziel dennoch zu erreichen? Sönke Zander: Er »muß ... geeignete unterrichtliche Maßnahmen« einsetzen. Hier trifft er sich

mit Robert Ulshöfer. Der plädiert für »Gegenmaßnahmen«, wenn das Bedürfnis fehlt: gemeinsame Planung, langfristige Arbeitsvorhaben, »unkonventionelle und spannungsreiche« (1976, S. 33f.) Unterrichtsregie. Das mag alles hervorragend gelingen (und ich möchte, ich hätte einen solchen Sprachunterricht genießen dürfen): Ulshöfers »Gegenmaßnahmen« stillen eingestandenermaßen keine Bedürfnisse. Sie sind nichts als Tricks, einen gegen die Interessen und Bedürfnisse der Kinder laufenden Unterricht schmackhaft zu machen.

Prinzipiell sind solche Verfahren in unserer Schule, wie sie nun mal ist, durchaus legitim. Bloß von »Interessen und Bedürfnissen« der Kinder sollten wir dann nicht sprechen.

Erst recht darf man nicht von »Schülerzentriertheit« reden, wie der zweite Modebegriff heißt. Wenn wirklich der Schüler im Zentrum steht, dann bestimmt *er* Art und Verlauf seines Lernprozesses.

Ich fürchte, wenn wir diese Begriffsverwirrung zulassen, verbauen wir uns selbst den Weg zu den Zielen, die doch viele von uns anscheinend klar erkannt haben: Schüler in den Mittelpunkt der Schularbeit stellen.

Wie von der Kinder Interessen und Bedürfnissen die Rede sein kann, ohne daß es unmittelbar um sie geht, zeigen Argumentationen wie die von Wulf Wallrabenstein. Er antwortet einem fiktiven Kritiker (Kochan/Wallrabenstein, S. 252), der ihm die Künstlichkeit von Bildgeschichten vorwirft: »Aber die Kinder lernen dabei etwas ... Wenn ich eine Bildgeschichte schriftlich nacherzählen lasse, kann ich überprüfbare Lernziele angeben.« Es handelt sich also um einen klassischen Fall von lehrerzentriertem Unterricht.

Schlimm ist, wenn für einen solchen Unterricht mit dem Argument geworben wird, er befähige Kinder, »ihre Interessen, Bedürfnisse, Erfahrungen zu kommunizieren und zu reflektieren« (S. 262). Wie das geschehen solle? »Über die Sprechgeschichten«, sagt Wallrabenstein.

Im Klartext: Ehe die Kinder ihren Interessen und Bedürfnissen entsprechend handeln dürfen, müssen wir ihnen das erst mal beibringen.

Fortschritt durch Tradition

Wahrnehmung von Interessen und Bedürfnissen der Kinder nehmen auch die Vertreter des Projektunterrichts für sich in Anspruch. Sie greifen, ohne das ausdrücklich zu sagen, eine alte Tradition der

Volksschule auf: Lehrer und Schüler schaffen gemeinsam ein Werk, mit dem beider Neigungen und Wünsche befriedigt werden.
Siegfried Weinmann stellt mit simulierter Echtheit in »komplexen Schreibsituationen« Aufgaben, die sprachlich bewältigt werden müssen (Texten eines Films, Berichterstattung über ein aktuelles Ereignis). Boettcher/Firges/Sitta/Tymister setzen an die Stelle solchen fiktiven Schreibens »Schreiben in Ernstfällen«: Sie stellen aufwendig geplante Projekte mit operationalisierten Lernzielen vor, mit deren Hilfe Kinder lernen sollen, ihre Interessen durchzusetzen (Zurückweisen eines Beschlusses der Lehrerkonferenz).
Projekte der verschiedensten Art für den Sprachunterricht schlagen auch Karl Graucob, Alexander Beinlich, Kurt Singer, Lothar Kaiser-Meyer und Werner Schlotthaus vor.
Ich halte es für einen großen Fortschritt, daß solche Verfahren wiederentdeckt werden. Allerdings sind sie nicht schon deshalb an den fortwährend genannten »Interessen und Bedürfnissen« der Kinder orientiert, weil sie Projekte sind.
»Kinder«, sagt Werner Schlotthaus (Kochan/Wallrabenstein, S. 237), »sind sich sehr häufig ihrer Bedürfnisse gar nicht bewußt«. Das ist ein gefährlicher Satz, weil mit dieser Begründung eine PR-Agentur Verbrauchern ihr Bedürfnis nach Cola klarmachen kann. Wenn der Lehrer Kindern bewußtmachen muß, was ihre Interessen seien, verwundert es nicht, daß bei vielen Projekten die politischen Interessen der Lehrer ganz ungeniert huckepack auf denen der Schüler reiten. Und im Handumdrehen ist aus vermeintlich schülerzentrierter Arbeit wieder lehrerzentrierte geworden, sind Projekte nur die Vehikel für Lehrers Absichten. Das ist die alte »Aufsatzerziehung«, die bloß in »Projektunterricht« umbenannt wurde. Kinder sind wieder zu Objekten geworden, und das wird ihnen sehr schnell »ebenso langweilig ... wie der sprachsystemorientierte Unterricht« (Werner Schlotthaus, a.a.O. S. 238).
Wer Kinder tatsächlich selbst bestimmen läßt, hat es nicht nötig, ihnen zu sagen, was ihre Bedürfnisse seien. Die Kinder folgen ihnen nämlich absolut sicher. Sie können sie vielleicht nicht artikulieren – aber sie können sie befriedigen.
Es ist hier nicht der Ort, ausführlich auf Sprachprojekte einzugehen. Ich meine, sie seien seit eh und je aus der Volksschule nicht wegzudenken. Aber kein Projekt stiftet »Schülerzentriertheit«, bloß weil es Projekt ist. *Die entscheidende Frage heißt: Steht das Kind im Zentrum? Bestimmt es selbst Art und Verlauf seines Lernens?*
Das muß ganz unmißverständlich gesagt werden: *Je mehr überprüfbare Lernziele einer setzt, desto weniger kann er »schülerzen-*

triert« arbeiten. Das uns in beiden Phasen der Lehrerausbildung empfohlene Lehren nach Plan (und mit operationalisierten Zielen) und selbstbestimmtes Arbeiten der Kinder schließen einander aus.

Radikaler Kurswechsel

Ich halte die heute modernen Vorschläge, wie Kinder ins Zentrum der Arbeit gestellt werden könnten, für nicht geeignet, einen radikalen Kurswechsel herbeizuführen.
Was ist zu tun?
Auf die Hilfe der Fachdidaktik haben wir nun schon viel zu lange gewartet. Sie sieht nur ihr Fach. Wir aber müssen von den Kindern ausgehen, den Weg zu den Kindern gehen, sie ernst nehmen, nicht über sie bestimmen wollen. Dazu brauchen wir die Hilfe der Wissenschaft. Aber gehen müssen wir den Weg selbst. Und über unsere Erfahrungen müssen wir einander berichten. In diesem Buch berichte ich von meinem Versuch, Aufsatzunterricht »kindzentriert« zu betreiben. Das hier vorgestellte Konzept versucht radikal anders zu sein als die oben kritisierten. Nicht der Lehrer ist selbsternannter Agent von Kinderinteressen, sondern das sind sie selber.
Sicher bin ich mir über das, was ich nicht will. Sicher bin ich mir aber auch über das Ziel: Schreiben muß Freude machen. Könnten Kinder Schreiben so zwanglos-freudig lernen, wie sie Sprechen lernten, würde es diese Unlust und Angst, diesen Widerwillen und diese Gleichgültigkeit gegen Schreiben und Geschriebenes nicht geben.
Ich will in der Grundschulzeit ein Fundament aus Freude legen, daß die von Hans Magnus Enzensberger beschriebene negative Prägung der Schule ins Positive verkehrt wird: »Das prägt für immer die Sprache der geschriebenen Mitteilung, ihren Tonfall, ihre Syntax und ihren Gestus« (S. 181).
Freude am Umgang mit geschriebener Sprache und am Schreiben ist nicht Mittel zum Zweck. Ich denke nicht an den alten Schultrick, eine für nötig erachtete Medizin in Honig zu verabreichen. Sondern Freude ist das *Ziel.*
Das hat auch nichts mit der sogenannten Motivation zu tun, die wir, um unsere verwerfliche Mißachtung von Kinderinteressen vor uns selbst zu bemänteln, in primäre und sekundäre, intrinsische und extrinsische zu teilen pflegen.

Ich fühle mich nicht einmal mit Robert Ulshöfer eines Sinnes, der »Freude am Sprechen und Schreiben, Bereitschaft und Sammlung zum Hören und Verstehen« (1976, S. 1) wecken will und feststellt: »Gelingt dies nicht, so ist alle Mühe umsonst.« Denn für Ulshöfer ist die Freude nicht Selbstzweck, sondern Mittel für die Zwecke des Lehrers.

In einer Zeit, in der die Kunst der wissenschaftlich klingenden Fach-Konversation so hoch entwickelt ist und in der selbst die simpelsten Ziele mit bombastischem Latein und Griechisch beschrieben werden, muß ich dieses Ziel ganz schlicht formulieren, damit es niemand überliest oder mißversteht: Erreichte ich bei den Kindern sonst nichts als Freude beim Schreiben und beim Umgang mit Geschriebenem, würde ich hoch zufrieden sein.

Sprechen, Schreiben und Lesen müssen Freude machen. Diese Freude, in kleinen Kindern geweckt und erhalten, ist die selbstverständliche Grundlage allen Sprachunterrichts. Auf den Lehrer kommt es an. Er verfügt über ungeheure Möglichkeiten. Und ich meine, angesichts des gewaltigen Schadens, der in der Sekundarstufe zu besichtigen ist, müsse er alle seine Möglichkeiten ausschöpfen, um zuerst eins zu erreichen: Umgang mit Sprache muß Freude machen. Wenn dieses Ziel nicht erreicht wird, sind alle anderen auch nicht zu erreichen – oder es ist nichts wert, wenn sie in irgendeiner Lernzielkontrolle als »erreicht« ausgewiesen werden. Dieses Ziel ist das unentbehrliche Fundament für alle anderen.

Fundamente müssen stabil sein. Deshalb meine ich, die ganze Grundschulzeit müsse daran gesetzt werden, um dieses Fundament zu bauen. Wer vorzeitig seine Lehrinteressen durchsetzen will, der hat plausibel zu begründen, warum er das ohne dieses Fundament tun will.

Der Weg der Alten

Nicht sicher bin ich, was im einzelnen zu tun sei. Aber die *Richtung* des Weges steht für mich fest: Nicht das Lehren des Lehrers darf im Mittelpunkt stehen, sondern das Lernen der Kinder muß im Zentrum sein.

Ich bin in mehr als zwanzig Jahren Arbeit als Volksschullehrer allzu oft gedankenloser Verursacher der »Einschüchterung durch Schrift« gewesen. In den letzten Jahren habe ich versucht, das zu ändern. Ich habe Rat und Hilfe in der zeitgenössischen Fachliteratur gesucht und selten gefunden. Nur wenige Bücher habe ich mit Gewinn gelesen. (Manche halte ich für unlesbar.) Hilfe fand ich zuvörderst bei Wilhelm Gössmann, der wie wohl kein anderer zeitgenössischer Fachmann das Erbe der Reformpädagogen zu retten versucht. Mit Gewinn habe ich auch die Bücher der Projekt-Fachleute gelesen.

Insgesamt aber, erfuhr ich, war in unserer Literatur zuwenig von mir und meinen Schülern und zuviel von Ausgedachtem die Rede. Es gibt zuwenig Berichte aus der Praxis und zuviel systematische Ordnung.

Erst, als ich die Alten las, fand ich einen Weg: Heinrich Scharrelmann und Fritz Gansberg, Adolf Jensen und Wilhelm Lamszus, Paul-Georg Münch, Otto Anthes . . . Sie alle waren Volksschullehrer. Ihre Namen sind weithin ebenso vergessen wie die der anderen Schulreformer aus der Zeit des Jahrhundertanfangs. Gänzlich vergessen ist sogar, was sie wollten: Sie wollten schülerzentrierten Unterricht. (Aber ein solches Wort hätten sie nicht gebraucht.) Sie haben ihn nicht verwirklicht. Aber sie waren auf dem Weg.

Ich bin ihren Weg nachgegangen. Sicher wie sie und zweifelnd wie sie. Die Kinder haben mich in bestimmte Richtungen gedrängt – wie sie. Ich tastete mich vorwärts auf dem alten Weg, geriet in Sackgassen, fand mich auch auf der breiten Straße von Konvention und Gewöhnung wieder.

Aber beinahe jeden Tag erlebte ich auf diesem Weg Freude. Ich fuhr pfeifend zur Schule, wenn ich von einem Tag Gelegenheit für »Aufsatzunterricht« erwartete. Und mit der Hochachtung und dem Respekt vor den toten Kollegen wuchsen mein Selbstbewußtsein als Volksschullehrer und mein Selbstverständnis als Pädagoge.

Sicher bin ich meiner Sache noch nicht. Dennoch berichte ich in diesem Buch von meiner letzten Klasse. Sie hat so »schülerzentriert« gearbeitet wie noch keine meiner Klassen. Die Klugheit gebietet, diesen Bericht erst ein Jahr ablagern zu lassen und ihn dann, mit dem nötigen Abstand, (selbst)kritisch zu überarbeiten, um wenigstens einen Teil der vielen Blößen zu bedecken, die ein ungeschminkter Praxisbericht nun mal öffnet.

Aber ich will nicht klug sein, sondern mit Kollegen reden. Ich teile also meine Erfahrungen und meine aus ihnen gewonnene Meinung meinen Kolleginnen und Kollegen mit.

Zusammenfassung

Das Ziel ist: Schreiben muß Freude machen. Der Weg: Die Interessen und Bedürfnisse der Kinder müssen im Mittelpunkt stehen. Die bei uns verbreitete »Schülerorientiertheit« ist dieser Weg nicht. Sie verspricht nicht mehr, als die schlimmste Mißachtung von Kindern zu vermeiden. Statt dessen müssen die Wünsche und Neigungen der Kinder tatsächlich im Zentrum der Schularbeit stehen.
Unbrauchbar sind dabei Tricks, mit denen der Lehrer seine Lehrinteressen durchzusetzen versucht. Auch Projektunterricht ist nicht schon deshalb der gesuchte Weg, weil er Projektunterricht ist.
Den Weg haben die Reformer im ersten Drittel unseres Jahrhunderts gewiesen. Ich habe ihren Weg nachzugehen versucht. In diesem Buch ist aufgeschrieben, was ich erfahren habe und was ich mir dabei denke.

Kapitel 2: Erlebnis

Interesse – aber wie?

Es ist grober Unfug, kleine Kinder zum Aufsatzschreiben zu zwingen. Einen sichereren Weg, Freude zu verhindern, gibt es nicht. Wer nicht schreiben will, läßt es eben bleiben. Wenn Schreiben wirklich eine so tolle Sache ist, wie wir Lehrer behaupten, werden über kurz oder lang alle Kinder der Klasse schreiben.
Damit beginnt »Schülerzentriertheit«: Die Kinder müssen schreiben *wollen*. Sie müssen *gern* schreiben. Sie müssen »in Aufsatzvorfreude zappeln« (Paul Georg Münch, 1926, S. 105). Sonst wird einer dieser Allerweltsaufsätze daraus, denen man auf den ersten Blick ansieht: Sie sind nur entstanden, weil der Lehrer es verlangte. »Das Kind hat sich mit dem Thema abgefunden« (Jensen/Lamszus, 1923, S. 19).
Und wann wollen Kinder etwas schreiben? Dieser Wunsch entspringt der gleichen Quelle wie der Wunsch, etwas mündlich zu erzählen: Sie wollen schreiben, wenn sie etwas zu sagen haben, das sie bewegt, das herausdrängt, das sie mitteilen wollen. Sie schreiben auch aus lauter Erzähl- und Fabulierfreude, für die sie Partner brauchen. Sie schreiben, wenn sie eine positive Reaktion ihrer Adressaten, Lehrer und Mitschüler, hervorrufen wollen. Paul Georg Münch: »Bürgschaft für das Gelingen eines Aufsatzes ist nur dann gegeben, wenn die Kinder ganz dringliches, ganz persönliches Interesse am Thema haben« (1909, S. 19).
Und wie bringt der Lehrer zustande, daß sie ein solches Interesse am Thema haben?
Manche Kollegen von denen, die sich überhaupt eine solche Frage stellen, sagen: Er muß ein Thema geben, das zum Schreiben reizt, mehr noch: herausfordert, drängt. Ein Thema eben, zu dem Kinder etwas zu sagen haben. Wie auch die NRW-Richtlinien feststellen: »Das richtige Themenangebot ist im Aufsatzunterricht der Grundschule von besonderer Bedeutung, da es eine Vorentscheidung über die Erfolgsaussichten der Sprachgestaltung enthält« (SC 2.3.5). Also Themen »aus dem Leben«, zu denen Kinder etwas Geeignetes er-lebt haben? Wie die NRW-Richtlinien weiter verlangen: »Die

Themen sollen der Erlebniswelt und dem Erfahrungsbereich des Kindes entstammen« (a. a. O.)?
Aber das machen wir nun doch schon seit 50 Jahren und länger: »Wie ich einmal Angst hatte«. »Mein schönstes Ferienerlebnis.« Von dergleichen Themen fühlen sich viele Kinder eben nicht herausgefordert. Sie werden nicht zur Arbeit gedrängt. Von »dringlichem Interesse« am Thema kann nicht die Rede sein.

Aktuelle Themen?

Deshalb, sagen andere Kollegen, wählen wir *aktuelle* Themen aus dem Alltag. Das Unwetter *gestern abend*. Der erste Schnee *heute morgen*. Die Prügelei *vorhin in der Pause*. Der Kleinzirkus in der *Schule*. Die Feuerwehrübung *heute früh*. Lauter Erlebnisse, die alle Kinder gemeinsam hatten (NRW-Richtlinien, SC 2.3.4: »Durch das Schaffen gemeinsamer Klassenerlebnisse kann ... die Mitteilungsbereitschaft wesentlich gesteigert werden«).
Warum auch diese Themen nicht taugen, haben Reformer vor zwei Generationen überzeugend begründet. Adolf Jensen und Wilhelm Lamszus berichten von zwei Mädchen der achten Klasse, die über einen Besuch im Hippodrom zu schreiben hatten. Die eine Erzählung geriet schwach und blutarm, die andere lebensstrotzend (1923, S. 15 ff.). Dabei hatten beide gleichzeitig das Hippodrom besucht. Themen »aus dem Leben« gewährleisten eben durchaus nicht, daß ein Erlebnis »auf die Nerven drückt« (Jensen/Lamszus). »Das aktuellste Thema, das der Lehrer stellen kann, ist unzulänglich, ist launenhaft wie das Hippodrom. Es kann jemand drei Stunden darin gewesen sein und nichts anderes erlebt haben als das gleichförmige Rundherum« (a. a. O., S. 33). *»Denn die Seele eines Aufsatzes ist nicht die Situation an sich, sondern was in dieser Situation erlebt wurde«* (a. a. O., S. 67).
Und wenn nichts erlebt wurde, dann ist das Ergebnis nicht nur ein fader Aufsatz. Wir haben damit auch einen wichtigen Beitrag zur Ablehnung des Schulaufsatzes durch Kinder geleistet. Geschichten über »Erlebnisse«, bei denen sie nichts erlebten, *wollen* sie nämlich nicht schreiben. Die sind nichts als ungeliebte Pflichtübung.
Was ist zu tun? An diesem Punkte gehen die Meinungen der Reformer auseinander. Heinrich Scharrelmann meint, man müsse die Themen so eng wie möglich fassen (1909, S. 23 f.): »Wie *deine* Wohnstube aussieht, wenn der Schornsteinfeger kommen will«.

Und auf keinen Fall solle der Lehrer »für die ganze Klasse ein und dasselbe Aufsatzthema« geben. Über 800 möglicher Themen allein für die Grundschule hat er gesammelt (1909).
Konsequenter war Paul Georg Münch. Anscheinend schrieb er in der Grundschulzeit regelmäßig die von Kindern ihm diktierten Aufsätze selbst nieder. Für die folgenden Jahre beließ er es, wie Scharrelmann, bei jeweils mehreren Themen.
Am konsequentesten waren Adolf Jensen und Wilhelm Lamszus; auch Otto Anthes und einige andere, die ihre Praxis allerdings nicht so detailliert darstellten wie die beiden Hamburger. Ihnen mache ich es heute nach: Wir dürfen nicht alle Kinder vom gleichen »Erlebnis« schreiben lassen, dürfen nicht einmal vier oder fünf »Erlebnisse« als Thema anbieten, sondern müssen jedes Kind von *seinem* Erlebnis erzählen lassen. Modisch gesagt: Wir müssen individualisieren. Endlich einmal eine machbare Individualisierung und nicht eine, die theoretisierende Laien von uns fordern. (Mir gibt zu denken, daß sie ausgerechnet diese nicht fordern.)
Wenn im Aufsatzunterricht ein Fundament aus Freude gelegt werden soll, müssen wir die Kinder schreiben lassen, was zu schreiben ihnen Freude macht.
Dann steht der Schüler wirklich im Zentrum, wenn er selbst bestimmt, was er schreibt.

Heinrich Scharrelmann:

»Eine Unsitte möchte ich . . . erwähnen, es ist die Mode, für die ganze Klasse gleichzeitig ein und dasselbe Aufsatzthema zu geben. Zu vielen Themen hat nur ein Teil der Kinder persönliche Beziehungen. Und ist es nicht viel reizvoller für Lehrer und Kinder, wenn allen Kindern etwa fünf oder sechs Themen gegeben werden, und jedes einzelne Kind sucht sich aus dieser Zahl das ihm am meisten zusagende aus?« (1909, S. 14)

Adolf Jensen und Wilhelm Lamszus:

»Spekulative Köpfe haben allerlei schnurrige Gedanken gehabt. Sie haben dem Schüler drei, vier, fünf bis zehn und mehr Themen zur Auswahl gestellt, damit er sich das Passendste aussuche . . . Den Sprung auf die Erde aber wagen sie nicht zu tun. Sie bleiben immer noch in den Wolken hängen und zappeln mit den Beinen« (1910, S. 173f.).

Das heißt: Nicht mehr das Thema regiert, sondern das Erlebnis. Wir erwarten nicht mehr von Kindern, daß alle oder doch mehrere von ihnen die gleichen »Erlebnisse« hatten, sondern gestehen endlich ein, daß jedes die seinen hat. *Dann* will es schreiben. *Dann* schreibt es gern. *Dann* hat es »ganz dringliches, ganz persönliches Interesse am Thema«.

Was auf die Nerven drückt

Ich will nicht an der Diskussion über »Erleben« als Grundbegriff Sprangerscher und Diltheyscher Psychologie teilhaben, weil die meiner Praxis nichts bringt. Mit »Erlebnis« meine ich schlicht ein »stark beeindruckendes Geschehen« (Duden), etwas, das »auf die Nerven drückt« (Jensen/Lamszus). So eben verstanden Reformer diesen Begriff: Wenn jemand etwas »erlebt« hat, dann heißt das nicht, er habe einem Ereignis beigewohnt. Sondern: Ihn hat etwas innerlich bewegt. Paul Georg Münch: Das Erlebte hat »erhöhten Pulsschlag« (1926, S. 17), »seelische Durchrüttelung« (S. 16) ausgelöst. Es kann ein äußeres Ereignis gewesen sein. Es kann auch ein Traum gewesen sein, eine bloße Vorstellung in der Phantasie. Babette, Klasse vier, *erlebt* ihre Vorstellung »Wenn ich ein Pferd hätte«. Sie lebt in dieser Wunschvorstellung. Und wenn Matthias bei Mitschülern dafür wirbt, als winterliches Pendant zu Hitzefrei »Nebelfrei« einzuführen, dann lösen diese Vorstellung und seine Agitation mindestens »erhöhten Pulsschlag« bei ihm aus, vielleicht sogar »seelische Durchrüttelung«.
Der Streit, welche Art des Aufgesetzten (Erzählung, Bericht, Schilderung ...) wann vom Kind verlangt werden solle, ist damit erledigt: Schon Viertkläßler leisten, was die Situation erfordert. Voraussetzung ist nur, daß sie in dieser Situation etwas erleben. Sie leisten es – und niemand hat es sie gelehrt. Babette und Matthias haben etwas erlebt. Und wenn einer 'was erlebt hat, dann kann er 'was erzählen!
Corinna (wie die Autoren der folgenden Beispiele Schülerin im ersten Halbjahr von Klasse vier) hat zur Weiberfastnacht ihrem Lehrer den Schlips abgeschnitten. Dieser Vorgang mit all seinen Begleiterscheinungen hat sie – versteht sich! – stark beeindruckt. Deshalb hat sie etwas zu sagen, während sie bei »Als ich einmal Angst hatte« vielleicht nur fades Zeugs von sich geben würde.
Zwei Tage bosselt sie an ihrer Geschichte.

Weiberfastnacht

Corinna:
Mittwoch abend sagte mein Vater: »Morgen fahre ich nach Köln, da muß ich einen Rollkragenpulli anziehen, sonst schneiden mir die Weiber noch den Schlips ab.«
»Ach«, meinte meine Mutter, »morgen ist ja Weiberfastnacht. Schade, daß der Senni nie eine Krawatte anhat.«
Da kam ich auf eine Idee. Wir könnten ja den Senni anrufen, er soll eine Krawatte anziehen.
Als ich dann am Telefon war, kam erst eine Tochter von ihm dran. Ich sagte: »Hier ist Corinna Schüttler, darf ich bitte mal den Senni sprechen?«
»Einen Moment«, bekam ich zur Antwort.
Dann kam Senni. »Tag, Corinna«, sagte er.
Ich fragte: »Senni, kannst du bitte, bitte morgen einen Schlips anziehen?«
»Wieso denn das?« antwortete Senni. »Ach so, morgen ist Weiberfastnacht, ihr wollt mir wohl den Schlips abschneiden. Du, Corinna, ich muß mal eben gucken, ob ich so was überhaupt habe.« Bald kam er wieder und berichtete: »Ich ziehe morgen eine Krawatte an!«
Julia und ich waren ganz gespannt, was am nächsten Tag passieren würde. Wir steckten unsere Scheren ein.
Am Morgen erzählte Senni den Kindern, er hätte den Schlips angezogen, weil Weiberfastnacht wäre.
Dann, in der vierten Stunde, gingen Julia und ich ganz gemütlich zum Senni. Als er das bemerkte, rannte er flink weg. Wir ihm nach! Senni sprang über Tisch und Bänke. Bis wir ihn hatten.
Die Scheren schnitten gar nicht gut. Schon wieder entwischte uns Senni. Aber wir kriegten ihn doch noch.
Julia hatte zuerst ihren Teil des Schlipses ab. Sie half mir bei dem anderen. Zack, war es auch ab.
Nun hat Senni keinen Schlips mehr am Hals.

Es geht nicht darum, wie diese Geschichte zu bewerten sei. Sondern darum: Hat Corinna erfahren: Schreiben macht Freude? Hat sie schreiben *wollen?* Hat sie *gern* geschrieben? Hat sie ein »ganz dringliches, ganz persönliches Interesse am Thema« gehabt? Ich meine, an der Antwort könne kein Zweifel sein.

Jens hat während der Hofpause unter den Augen von zweihundert Kindern einen Schuh vom Pausendach geholt. Erst, als ich seine

Geschichte las, verstand ich, daß dies für ihn ein »stark beeindrukkendes Geschehen« gewesen war. Für dieses Erlebnis wäre in unserer Pauschal-Schreiberei kein Platz gewesen.

Ein Schuh auf dem Schuldach

Jens:
Als die Pause begann, dachte ich: Warum stehen da so viele Kinder vor dem Pausendach?
Da fragte Herr Wilhelm: »Kletterst du auf das Dach und holst den Schuh runter?«
Golo wollte die Stange hochklettern, aber er kam nicht hoch.
Aber neben dem Dach ist der Drahtzaun. Da fragte ich: »Kann ich den Zaun hochklettern?« Herr Wilhelm sagte: »Ja.«
Und ich kletterte hoch.
Als ich auf dem Dach war, war es sehr rutschig. Beinahe wäre ich samt Schuh runtergerutscht, aber die Regenrinne hinderte, und ich habe den Schuh runtergeworfen.
Und ich kletterte runter.
Da kam Amelie Sanden und sagte: »Meine Mutter hat einen Schreck bekommen!«
Ich ging zu Frau Sanden und habe gefragt, warum sie Angst gehabt hatte. Sie sagte: »Weil das so aussah, als ob du runtergefallen wärst.«
Und der Senni hat uns reingerufen.

Matthias, dem Schullernen nicht übertrieben stark zugetan, entdeckt bei einem seiner Gedanken-Streifzüge während des Unterrichts das winterliche Gegenstück zu Hitzefrei: Nebelfrei. Mit blanken Augen und gestikulierend wirbt er während der folgenden Pause für seinen Einfall im Freundeskreis und findet fröhlich-lärmende Zustimmung. Ich höre es zufällig und sage: »Schreib das auf!«

Ich verlange nebelfrei!

Matthias:
Ich verlange nebelfrei. Warum?
Erstens! Der Schulweg ist zu gefährlich! Warum kommen täglich Tausende von Kindern um? Wegen dem Nebel!
Zweitens! Die Hefte in der Schule sind kaum noch leserlich, und

deshalb kriegen wir schlechte Zensuren. Und schuld daran ist der Nebel!
Und drittens! Der Nebel lenkt ab. In der Schule dreht man sich dauernd um, um Veränderungen am Nebel – das betone ich am meisten! – am Nebel festzustellen.
Viertens! Die Nebelleuchten der Autos blenden! Es ist unangenehm, dauernd grelles Licht im Genick zu haben. Und weshalb sind die Nebelleuchten an? Wegen dem Nebel!
Fünftens! Die Lehrer können einen Unfall bauen. Das wäre zwar kein Verlust, aber dann zahlen wir umsonst Schulgeld und Steuern! Und weshalb könnten die Lehrer einen Unfall bauen? Wegen dem Nebel! Und darum fordere ich NEBELFREI!

Zuerst trug er sein Plädoyer vor: gestikulierend, mit der Faust auf den Tisch schlagend. Kein Wahlredner könnte es besser. Das »Volk« jubelte. Danach, mit stark erhöhtem Pulsschlag, schrieb er es nieder.

Mit dergleichen agitatorischen Themen hat Babette nichts im Sinn. Ihre Sache sind mehr die leisen Töne: Babette, in Pferde vernarrt und täglich in der Reithalle als Zuschauerin zu finden, träumt von einem eigenen Pferd.

Wenn ich ein Pferd hätte

Babette:
Ich würde jeden Morgen mit unserm Pferd und unserm Hund Koko in die Schule reiten. Und wenn wir in der Schule wären, könnten Koko und das Pferd nach Hause gehen.
Wenn die Schule zu Ende wäre, sollten meine Mutter, das Pferd und Koko mich wieder abholen. Koko nimmt dann die Zügel in die Schnauze und trabt mit dem Pferd davon. Und ich würde auf dem Pferd Pikolo sitzen und nach Hause reiten.
Dann käme das schlimmste: saubermachen! Die Pferdeköttel rausschleppen, striegeln, zu fressen geben – und dann gibt es endlich auch Essen für mich.
Nachmittags könnte ich reiten, soviel ich wollte, mit einer Freundin hinten drauf. Das wäre toll!
Abends täte ich mit dem Pferd schlafen. Dann träumte ich vom Pferd. Ich würde mit dem Pferd in den Wolken schweben, aber plötzlich ginge die Wolke auseinander und plumps! fiele ich

durch die Luft. Das Pferd und ich fielen in einen Güterzug. Aber da drin war Heu. Ein Glück!

Auch diesmal wollen wir die Frage nach der Bewertung noch nicht stellen. Nur darum geht es: Hat Babette Freude beim Schreiben erlebt? Hat sie also schreiben wollen und gern geschrieben?

Das ist auch die Frage bei Carl-Georg, genannt »Anton«. Morgens kam er hinkend in die Klasse. »Was hast du denn angestellt?« fragte ich ihn bei der Begrüßung. Er, verschmitzt: »Das schreib' ich gleich auf!«

Wie ich mir die Wunde am Bein geholt habe

»Anton«:
Eines Mittags kletterten wir auf unser Dach. Dieter und ich haben auf unserm Dach eine Schneeballschlacht gemacht.
Als wir keine Lust mehr hatten, haben wir Weitsprung gemacht: vom mittleren Stock auf das andere Dach. Dieter sollte zuerst auf das andere Dach springen. Er kam dran. Er zitterte. Er sprang. Er hielt sich fest am Dach. DONN! Dieter hatte seine Kraft verloren und konnte sich nicht mehr halten. BOMM! Er lag unten.
»Anton, jetzt komm du!«
»Ja, ich komm, aber mit Anlauf! Vorsicht! Geh in Deckung!«
Jetzt bin ich gesprungen.
»Anton, wo springst du denn hin?«
Ich lag auf unserm Boden. Ich bin sehr leider daneben gesprungen.

Nie hätte dieser Junge beim Themenaufsatz die Chance gehabt, zu schreiben, was ihn wirklich bewegt. Und nie, bei aller kindlichen Ungelenkheit, wäre ihm bei einem Themenaufsatz ein solcher spannungsgeladener Höhepunkt (»Anton, wo springst du denn hin?«) gelungen.

Arne hat eines der unzähligen Erlebnisse im Kinderleben erzählt, die mit unseren Themenaufsätzen selten zu erfassen sind. Weil sie aber aus Kindern herausdrängen, nutzen sie die Gelegenheit des Aufsatzschreibens, ihr Erlebnis loszuwerden – und werden prompt mit der verständnislosen Bemerkung entmutigt: »Am Thema vorbei!«

Die Klavierlehrerin

Arne:
Als ich bei Sandens ankam, waren Jens und Chris auch da. Ich fragte Mini: »Kommt heute nicht die blöde Klavierlehrerin?« »Ja, aber erst um halb fünf.«
Da hatte Jens eine Superidee. Wir wollten ihr den Weg zu Sandens versperren. (Denn vorigesmal, als wir Fußball spielten, stellte sie ihr Auto genau ins Tor.)
Nun schleppten wir Fahrräder, Cettcars und anderes Zeug auf die Straße. Zum Schluß sagte ich: »Wir können doch auch die Tischtennisplatte auf die Straße stellen.«
»Ja, das machen wir!« schrien Jens, Chris und Mini.
Als wir auch die aufgestellt hatten, fragte Chris: »Was machen wir jetzt?«
»Fußballspielen!« rief ich und holte den Ball. Chris ging ins Tor.
Kaum hatten wir ein bißchen gespielt, schrie Jens: »Herr Weller kommt, verdammt noch mal!«
Nun mußten wir alles wieder wegräumen, damit Herr Weller zu seiner Garage konnte.
Als er weg war, stöhnte ich: »Kommt, Leute, alles wieder aufbauen!«
Endlich kam die Klavierlehrerin. Aber zu Fuß, denn sie hatte ihr Auto leider woanders geparkt, so daß wir alles umsonst hingestellt hatten.

Golo durfte zu nachtschlafener Zeit mit seinem Vater fernsehen. Dieses scheinbar leichtgewichtige Erlebnis hat sich ihm eingeprägt.

Ich kann nicht einschlafen

Golo:
Wir hatten am Abend Mau-Mau gespielt. Dann mußten wir ins Bett. Ich konnte aber nicht einschlafen. Da hab ich mein Licht angemacht und habe gelesen. Das half aber nicht.
Ich ging runter. (Wir schlafen nämlich auf einer Empore.)
Da saß mein Vater vorm Fernseher und guckte King-Kong.
Ich sagte: »Papa, ich kann einfach nicht einschlafen!«
»Na gut, dann guck mit.«
Ich setzte mich in den Sessel und guckte mit.
Als der Film zu Ende war, konnte ich sehr gut einschlafen.
Mitten in der Nacht: »Huch! Wo bin ich?« Ich hatte vom Film geträumt und war aufgewacht.

Christiane ist Tante geworden. Welche Neunjährige kann das von sich sagen? Mittags blieb sie nach Unterrichtsschluß im Schulbüro, weil sie unbedingt »loswerden« mußte, was ihren Schlaf unruhig gemacht hatte.

Wie ich Tante geworden bin

Christiane:
Am Samstagabend, so um neun oder zehn Uhr, schellte das Telefon, daß meine große Schwester (sie heißt Beate) im Krankenhaus ist und ein Kind bekommt. Aber das Kind von meiner Schwester soll mit einem Kaiserschnitt rausgeholt werden.
Als mein Vater aufgelegt hatte, sagte er zu meiner Mutter ein bißchen aufgeregt: »Die Beate soll einen Kaiserschnitt bekommen.« Da lief meine Mutti hin und her und meinte: »Sollen wir nicht hinfahren?«
»Wir können ja doch nicht ins Krankenhaus. Na ja, wir können schon rein, aber dann quälen wir doch das Kind!« Damit meinte er die Beate, weil sie sonst anfängt zu weinen.
Dann sollten wir ins Bett gehen. Wir konnten alle nicht einschlafen.
In der Nacht schellte das Telefon. Meine Mutter stürmte herbei, riß den Hörer ab und sagte ängstlich: »Was ist? Ist es ein Junge oder ein Mädchen?«
»Es ist ein Junge, und den nennen wir Sascha!«
Meine Mutter legte ganz beruhigt auf und hat alles erzählt. Ich habe von meinem Zimmer aus zugehört.
Und jetzt bin ich Tante!

Mit welchem Thema hätte dieses Erlebnis erfaßt werden sollen? Und wenn es zufällig erfaßt worden wäre: Wer wollte sich auf den Zufall verlassen, daß ein für Christianes Erlebnis geeignetes Thema gerade zu der Zeit gestellt worden wäre, da es aus ihr herausdrängte, da es ihr Freude und Befriedigung verschaffte, es aufzuschreiben?

Sven hat sich am Vortag daran ergötzt, wie seine Schwester sich in ihre hautengen Jeans quälte. »Ich weiß nicht«, sagt er, »ob ich das aufschreiben soll. Denn die Britta und die Trixi haben nächste Woche Schlußball. Bei uns ist vielleicht was los! Davon müßte ich eigentlich auch schreiben.«
Er entscheidet sich für die Hosen-Story.

Wie meine Schwester Britta sich die Hose anzieht

Sven:

Wenn Britta sich ihre Hose anzieht – das ist eine Staatsaktion. Dann ruft sie zum Beispiel: »Sven, hol mir doch bitte mal meine Hose!«
Ich renne sofort los, komme wenig später wieder und frage: »Wo ist sie denn?«
»In meinem Bett!«
»Okay!« Ich sause abermals los und stelle fest, daß das, was sie gesagt hat, nicht stimmt. Dafür aber liegt die Hose unter dem Bett.
Kurz und gut, ich bringe sie ihr, und nun geht es erst an die eigentliche Geschichte. Brittas Hose ist nämlich viel zu eng. »Bin ja mal gespannt, ob der Reißverschluß diesmal wieder kaputtgeht oder nicht«, meinte ich, während sie versuchte, ihr linkes Bein in die Hose zu zwängen.
»Ffff, fff«, stöhnte sie und schob das andere Bein ebenfalls hinein.
»Um ehrlich zu sein: Ich hätte nicht gedacht, daß du deine dicken Beine da hineinbringst!«
»Was! Du wagst es, meine schlanken Beine »dick« zu nennen?«
»Von wegen ›schlanke‹ Beine! Und außerdem würde mir in deinem Alter diese Hose viel zu weit sein.«
»Ph! Du Pfeifenputzermännchen! Das kommt daher, weil du total unterernährt bist!«
»Du bist ja bloß neidisch, du Freßsack!«
»Den Freßsack nimmst du sofort zurück!«
»Reg dich ab und mach lieber deine Hose zu, sonst kommst du zu spät zur Pommes-Bude!«
Ich lachte in mich hinein, aber anmerken ließ ich mir das mit keinem Wimpernschlag. Statt dessen meinte ich: »Los, runter mit dir, und den Reißverschluß zugemacht!«
»Stimmt. Aber ohne Hinlegen funktioniert das nicht.« Sie legte sich auf den Boden.
»Du mußt unten festhalten.«
»Wo?«
»Na, unten am Reißverschluß! Das ist doch klar wie Kloßbrühe oder dicke Tinte!«
Ich hielt unten fest. »So?«
»Ja, richtig! Aber he! Paß auf, daß du mir den Reißverschluß nicht kaputtreißt!«
Ritsch, die Hose ist zu.
»Ich hätte doch glatt nicht gedacht, daß du die Hose zukriegst!«

Noch immer steht die Bewertung dieser Geschichte nicht zur Debatte. So unterschiedlich die Qualität der Arbeiten auch ist, eines ist allen gemeinsam: Sie sind geschrieben, als ein Erlebnis »auf die Nerven« drückte. Und sie sind ausnahmslos freiwillig und mit Eifer und Freude geschrieben. Das gilt auch für das letzte Beispiel. Anja hat kein äußeres Geschehen erlebt. Dennoch erlebt sie etwas, drückt ihr etwas »auf die Nerven«: Ein Wunsch. Sie meint, Hausaufgaben und Klassenarbeiten sollten abgeschafft werden. Seit dem ersten Schuljahr ist sie gewöhnt, Lehrern Briefe zu schreiben und von Lehrern Antworten zu erhalten. Es liegt nahe, die Erfüllung dieses Wunsches auf diese Weise zu betreiben. Neun Lebensjahre haben sie die Anfangsgründe der Diplomatie gelehrt. Deshalb fällt sie nicht gleich mit der Tür ins Haus, sondern sagt zunächst viele Freundlichkeiten, ehe sie mit ihren beiden Wünschen herausrückt.

Ein Brief an das Lehrerkollegium

Anja:
Liebe Lehrer!
Der Inhalt meiner Geschichte ist: Ich sage, was ich an der Schule gut finde und was ich an der Schule nicht gut finde.

Gutes an der Schule

1. Klassenfahrten finde ich gut.
2. Ich finde es gut, daß im Sommer der Spielplatz offen ist, weil man dort Fußball spielen kann. Da drängeln sich auch nicht so viele Kinder auf dem Hof, und dann streiten sie sich auch nicht so oft, weil sie mehr Platz haben.
3. Wenn es im Sommer heiß ist, gehen wir auf den Spielplatz. Nach meiner Meinung ist das ein guter Ersatz für hitzefrei.
4. Klasse ist auch, daß wir jeden ersten und dritten Samstag frei haben.
5. Manchmal machen wir Sport zusätzlich. Finde ich auch gut.
6. Die Lehrer sind im großen und ganzen ganz nett. Manchmal wirken sie zwar wie Vulkane, aber hauptsächlich nicht.

Nicht Gutes an der Schule

1. Ich würde die Hausaufgaben abschaffen. Es raubt einem nur die Freizeit. Fast alle Kinder sind dafür.
2. Arbeiten, finde ich, sind eine doofe Erfindung. Deswegen

würde ich sie auch abschaffen. Damit wären die meisten Kinder auch einverstanden. Bitte beschließen Sie, die Arbeiten abzuschaffen. Viele Grüße Ihre Anja Kittsteiner

Ein Rahmen zum Bild

Keine einzige dieser Geschichten wäre im herkömmlichen Aufsatzunterricht zu haben gewesen. Und auch nicht dieser weiche, für Eindrücke empfängliche Boden: die Schreiblust, der Eifer, die Hingabe. Unser widernatürlich Aufgesetztes hat mit diesen Geschichten nichts gemein. Beim Schreiben all dieser Geschichten wurde an der Grundlage künftigen Umgangs mit Sprache (und künftigen Sprachunterrichts) gemauert: Die Kinder haben Freude erlebt.

Am Rande erwähnt: Die Angst, »am Thema vorbei« zu schreiben, gibt es auch nicht mehr. Jensen/Lamszus (1923, S. 125): »Wir haben erst ein Bild und suchen dann einen Rahmen.« Das Thema wird während des Schreibens formuliert oder gar erst hernach. Ich selber käme nicht auf den Gedanken, für eine ähnliche Arbeit vorher ein Thema festzusetzen und mich dann folgsam an es halten zu wollen. Wie sollte ich das von den Kindern verlangen? Und was sollte das für einen Sinn haben? Sollen sie Freude am Schreiben erleben, lernen, so zu schreiben, daß sie bei anderen die beabsichtigte Wirkung erzielen, sollen sie beim Schreiben Bereicherung erleben? Oder will ich an ihnen »Aufsatzerziehung« vollziehen?

Auch dies war für viele Alte selbstverständlich: »Mit welch saurem Fleiß hat doch der Lehrer von jeher sich bemüht, die Aufsätze beim Thema festzuhalten. ›Gehört nicht zum Thema!‹ so haben wir gar oft unter die Aufsätze geschrieben. Wohl waren da Stellen, die gefielen uns durch persönliche Stellungnahme. Da fing der Schüler an, aus sich herauszugehen . . . Es liegt im unduldsamen Wesen des Themenaufsatzes, daß er mit solchen persönlichen Gedankengängen nichts weiter anzufangen weiß, als – sie zu verbieten . . . So wie dem Schriftsteller die kennzeichnende Überschrift mit seinem Stoff zugleich erwächst, wie diese Überschrift oft erst nach dem Aufsatz aus der Rückschau gestaltet wird, wie sie verworfen, gemodelt, gefeilt, pointiert und je nach dem Stoff und Geist der Arbeit persönlich oder objektiv gefärbt wird – auf demselben Wege entstehen unsere Aufsatzüberschriften« (Jensen/Lamszus, 1923, S. 116f.).

Aufsätze ohne Zwang

Paul Reiff, 1910:

»Es eröffnet sich ein weites, fruchtbares Feld für den Aufsatzunterricht, welches noch erweitert wird, sobald wir das Kind ganz seine eigenen Wege gehen lassen ... Ich habe in meiner Schule eingeführt, daß ab und zu jedes Kind sich selbst ein Thema wählen darf, welches es dann auch ohne jede Hilfe ausarbeitet« (S. 15).

Adolf Jensen und Wilhelm Lamszus, 1923:

»Da sowohl das Erlebnis wie auch der Zeitpunkt und die Form seines Ausdrucksbedürfnisses individuell bedingt ist, so kann der Erlebnisaufsatz nicht länger vom Lehrer gestellt, sondern muß vom Kinde aus wahlfrei geschrieben werden« (S. 74).

Sigismund Rauh, 1923:

»Wir müssen darum den Aufsatzschüler nicht nur von der Fesselung an die mustergültige Ausdrucksform des Lehrers, sondern auch an den vorgeschriebenen seelischen Eindruck, an das vom Lehrer ›gegebene‹ Thema lösen. Mehr noch; da wir den zum Schreiben genügend starken Ausdruckswillen nicht befehlen und nicht erregen können, müssen wir seiner Entstehung auch die Wahl der Zeit lassen ... Stoff und Zeit des Aufsatzes muß ebenso wie seine Ausdrucksform dem Schüler freigestellt bleiben« (S. 235).

Paul Georg Münch, 1926:

»Wenn sich ein Kind fünf, sechs Jahre lang auf der Aufsatzweide nach Herzenslust getummelt hat, bekommt es auch seine Themenaufsätze« (S. 96).

Walter Kempowski, 1974:

»Bei mir werden nur freiwillig Aufsätze geschrieben« (S. 5).

Wo bleibt die Erziehung?

Aber, wenden viele Kollegen ein, einfach schreiben lassen ist doch kein Unterricht. Die Kinder lernen doch nicht Aufsatzschreiben »von selbst«, sondern wir müssen sie lehren.
In jedem von uns steckt wohl diese Selbstüberschätzung, die sich Lernen nur als Folge von Lehren vorstellen kann, und in jedem von uns steckt auch wohl die Neigung zur Schulmeisterei. Ich bin überzeugt: Unser fortwährendes Belehren erleben die Kinder als Schulmeistern, das Freude am Schreiben beeinträchtigt.
Erzogen muß sein! Ob beim Aufstellen in Zweierreihen nach der Hofpause oder im Aufsatzunterricht: Wir erziehen. Ein rechter Lehrer ist Erzieher, und ein Erzieher ist immer im Dienst. Ist das so?
In einer Verlagsanzeige des alten Teubner-Verlages zu Leipzig und Berlin wird 1914 für eines der Bücher des Herrn Professors Arno Schmieder so geworben:

> *»Die neue Aufsatzliteratur hat die Formen des alten Aufsatzunterrichts zerschlagen. Vom freien Aufsatz wird das Heil in der Volksschule erwartet. Jeder einsichtige Deutschlehrer wird aber die Unzulänglichkeit des neuen Betriebes verspürt haben. Wir können doch nicht dabei stehen bleiben, die Kinder schreiben zu lassen, was und wie sie wollen, Wo bleibt dabei die Erziehung« (Anhang)?.*

Tja, wo bleibt sie? R. Herrler hatte schon 1908 über unseren fatalen Hang zur Erzieherei in der Zeitschrift »Der Säemann« gespottet: »Was für ein Stil würde dann dem Deutschunterrichte entwachsen, wenn dieser Acker nicht mehr von unseren Mühen gefurcht, von unserem Schweiße gedüngt würde« (S. 350)?

Viele Kollegen meinen wie einst Arno Schmieders Verleger: Wir können doch nicht einfach . . . Irgendwie müssen wir doch lenkend eingreifen, sonst lernen die Kinder ja nichts! Wir müssen die Ausdrucksfähigkeit planmäßig schulen, denn mit der bloßen Ausdrucks*lust* ist es nicht getan.
Wie aber wollen wir Ausdrucksfähigkeit schulen, wenn die Kinder

gar keine Lust haben, sich schulen zu lassen? Wenn sie sich mit unserer »Schulung« so abfinden wie mit Themen? (Und wer glaubt denn im Ernst, was Kinder in einer Grundschulabschlußklasse schreiben, sei Ergebnis von vier Jahren *planmäßigen* Lehrens?)
Alle Kinder verfügen in ihrer Sprechsprache über eine Fülle von Ausdrucksmitteln. Mögen sie die auch beim Schreiben gebrauchen. *Das* sie zu lehren ist unsere erste und vorerst einzige Kunst. »Lehren« heißt hier: Mutmachen, Anstacheln, Reizen, Freude machen. Mehr nicht. Je mehr wir »erziehen«, desto brüchiger wird das Fundament der Freude.

Nicht zur Lernsache herabwürdigen

Gegen Ende der zweiten Klasse schrieb die siebenjährige Stefanie diese Geschichte:

> Steffi: »Guck mal, ich hab einen Vogel bekommen!«
> Annette: »Du hast ja auch einen.«
> Steffi: »Selber!«
> Annette: »Sagen alle doofen Kälber!«
> Steffi: »Du hast selbst einen Vogel im Häuschen.«
> Annette: »Ich hab gar keinen.«
> Steffi: »Doch.«
> Annette: »Immer alles behaupten, doofe Kuh!«
> Steffi: »Du bist selbst ne doofe Kuh.«
> Annette: »Du wolltest bloß angeben mit deinem Vogel.«
> Steffi: »Ich gebe gar nicht an.«
> Annette: »Doch.«
> Steffi: »Nee.«
> Annette: »Dafür hab ich ein schöneres Kinderzimmer!«

Kein Wort habe ich geändert, hinzugetan oder weggenommen, und es handelt sich auch nicht um eine Spitzenleistung. »Gelehrt« habe ich nur eines: die Rede jeweils hinter den Namen zu setzen.
Immer wieder las Steffi und lasen ihre Mitschüler dieses und andere Streitgespräche; am liebsten mit verteilten Rollen. Die schüchterne Annette wurde regelrecht keß, wenn es ans Geschichtenlesen ging. Von einer Woche auf die andere war zu beobachten, wie ihr Selbstbewußtsein wuchs. Eines Tages faßte sie sich ein Herz: »Ich möchte auch so eine Geschichte schreiben.«

Was für ein Unfug wäre es gewesen, wenn ich versucht hätte, Annette zuvor irgend etwas zu lehren! Nur *ein* Erfolg wäre mir sicher gewesen: Ich hätte die Freude am Schreiben mit Schulmeisterei beeinträchtigt, vielleicht sogar am Entstehen gehindert. Ich hätte Annette eingeredet: Achtung, jetzt kommt etwas Schwieriges!

Auch das haben Alte gewußt. Sigismund Rauh schrieb 1923, was offenbar die Überzeugung vieler Kollegen war: »Die Belehrung über schriftlichen Ausdruck, *vor* dem innern Antrieb zum Schreiben gegeben, ertötet auch den Sprechwillen, lähmt jegliche Schreiblust, indem es sie zur Schul- und Lernsache herabwürdigt« (S. 257).

Nun gut, beharren die skeptischen Kollegen, für den Beginn des Schreibens mag es angehen, die Kinder nicht zu lehren. Aber wird denn später planmäßig geschult, wenn sie den Anfang glücklich bewältigt haben?

Geschult wird, aber nicht planmäßig. Wir lesen einander die Geschichten vor und sagen, wie sie auf uns gewirkt haben. Darüber wird später zu reden sein. Schreiberziehung im herkömmlichen Sinne findet aber auch dann nicht statt.

Ich lasse die Kinder schreiben, wie ihnen »der Schnabel gewachsen« ist. Lust am Schreiben sollen sie kriegen! Die Fähigkeit, Erlebnisse zu Zeichen gerinnen zu lassen, soll sie stolz machen. Sich schreibend anderen mitzuteilen soll sie froh machen. Ein lustiges Ereignis mit einem lustigen Satz festgehalten zu haben soll sie glücklich machen wie ein gelungenes selbstgemaltes Bild an der Wand. »Sprachliches Selbstbewußtsein« (Walter Kempowski, S. 6) sollen sie kriegen. Einige werden sogar zu lernen beginnen, ihre Probleme durch schriftliche Bearbeitung zu bewältigen.

Wahlfreiheit und Stundenplan

Individualisierung dieser Art hat Folgen. Wenn wir Kinder ihre Stoffe selbst wählen lassen, gibt es einen »natürlichen« (Jensen/Lamszus), einen »fruchtbaren Augenblick« (Münch, 1909, S. 20) für das Erzählen: wenn das Erlebnis noch frisch ist und »auf die Nerven drückt«. Das heißt: Wer Inhalte und Themen von Geschichten freistellt, sollte auch die Zeit der Niederschrift freistellen. Wer sich an den »Interessen und Bedürfnissen« von Kindern orientiert, kann ihnen nicht die Zeit des Aufschreibens von Erlebnissen verordnen.

Adolf Jensen und Wilhelm Lamszus schreiben: »Das aber wird der Ausgangspunkt des neuen Aufsatzschreibens werden: Wer heute etwas erlebt, der wird es morgen in uns allen wieder aufleben lassen, er wird erzählen um des Erzählens willen« (1923, S. 101).
Aber, wenden die pädagogischen Katasterbeamten ein, wenn morgen Aufsatz oder wenigstens Deutsch nicht auf dem Stundenplan steht?
Das habe ich mir längst abgewöhnt: erst Stundenplan-Zwänge selbst erzeugen und mich ihnen dann unterwerfen. Mit dem inhumanen, pädagogisch und psychologisch widersinnigen Fachlehrersystem der Sekundarstufe I habe ich nichts zu schaffen. Meinen Stundenplan bestimmen die Kinder und ich gemeinsam. Und zwar nicht ein halbes Jahr im voraus, sondern jeden Tag neu. Wenn wir ins Klassenzimmer kommen, sind wir frei, jeden geeigneten Anlaß aufzugreifen.
Bei Lichte: Wir können gar nicht anders! Wer bin ich, daß ich Marion übergehe, die sich gestern den Unterkiefer gebrochen hat und nun mit Gipsmanschette und Streckgestell in die Schule kommt? Es wäre Narretei, wenn ich nicht den ohnehin im Klassenzimmer stehenden Knochenmann ins Tischgeviert schleppen und alle Schleusen für Fragen und Erlebnisse der Kinder öffnen würde. (Zwei Schulstunden vergehen wie im Fluge.) Und wer bin ich, Jens, der gestern einen Verkehrsunfall erlebte und der begierig ist, von ihm zu erzählen, auf die nächste Woche zu vertrösten, wenn »Aufsatz« auf dem Stundenplan steht? Nicht einmal bis zur vierten Stunde werde ich ihn hinhalten, da dann Sprachunterricht »dran« sei. Sondern weil Jens *jetzt* bewegt ist und in Erwartung des Erzählens »zappelt« (Münch), soll er seine Bewegung *jetzt* in Worte fassen. »Unbeschränkte Freizügigkeit auf dem Stundenplane« forderte deshalb Paul Georg Münch (1909, S. 22). (Wie lange wir schon nichts mehr hinzugelernt haben, ist daran abzulesen, daß damals der Verzicht auf das Dativ-e noch als Fehler galt.) Münch: »Im Stundenplanticktack verknöchern wir mit Sicherheit zu Schulmeistern ... Los vom Stundenplane! ist das erste, was ein Aufsatzlehrer fordern muß, der es mit seiner Sache ehrlich meint« (a. a. O., S. 53).
Aber, lautet der nächste Einwand, wo führt das denn hin, wenn jeder schreibt, wenn ihm gerade danach ist? Gehen da etwa dauernd Kinder aus und ein? Oder setzen sie sich in einen abgeteilten Winkel des Raumes?
So allerdings kann auch ich nicht individualisieren. Aber als problemlos machbar habe ich dies erfahren:
Wenn Jens von seinem Erlebnis noch bewegt ist, erzählt er es

mündlich. Auch dies gehört zum Fundament der Freude: Am Anfang steht meist das mündliche Erzählen. Alle Kinder hören gern Geschichten. Viele erzählen auch selber gern. Nur wenige müssen wir etwas »lehren«: wir müssen ihnen behutsam helfen, ihre Scheu zu überwinden.

Erst sprechen, dann schreiben

Viele Tage beginnen mit der Frage, ob jemand etwas zu erzählen habe. Nicht wenige Kinder freuen sich auf diese Erzählzeiten so sehr, daß die Freude auf den ganzen Tag ausstrahlt. Meist melden sich mehrere gleichzeitig.
Der Erzähler kommt nach vorn (denn er soll auch lernen, vor Publikum unbefangen zu sprechen) und setzt sich auf den »Erzählschrank«, einen niedrigen Schubladenschrank, den ein Kollege vor Jahren bei der Auflösung eines Friseurladens ergatterte.
Einmal saß Katrin, 8, bereits beinbaumelnd auf dem Schrank, als ich morgens in die Klasse kam: Sie war am Vortag zum erstenmal geritten. Dieses tiefe Erlebnis hatte sich nun aufgestaut, ihren Schlaf unruhig gemacht, sie in aller Herrgottsfrühe in die Schule getrieben. Da sitzt sie nun mit blanken Augen, begierig, ihr Erlebnis mit uns zu teilen, uns mitzuteilen.
Sie erzählt, wir hören zu. Übrigens: Wenn Kinder an ihrem Freude-Fundament arbeiten, darf ich sie nicht unterbrechen und korrigieren. »Einmal gemacht – ein Stummer mehr« (Walter Kempowski, S. 3). Diese Korrigiererei des gesprochenen Wortes hat ohnehin nicht den geringsten Erfolg. Erlaubt ist nur, Fragen zu stellen zum Inhalt, und Bemerkungen zu machen. Zur Form halte ich den Mund, und wenn die noch so schauderhaft sein sollte.
Ich halte diesen »mündlichen Aufsatz« für höchst bedeutsam. *Erstens,* weil Erzählen und Zuhören Freude macht. *Zweitens,* weil nicht Schreiben im Sprachunterricht die Hauptsache ist, sondern Sprechen. *Drittens,* weil Erzählen jederzeit problemlos eingeschoben werden kann und nicht viel Zeit kostet.

Richtlinien Nordrhein-Westfalen, 1973

»Aufsatzunterricht setzt die Pflege des gesprochenen Wortes voraus und baut auf ihr auf« (2.3.1).

Schreiben kommt vom Sprechen

Alexander Ehrenfeld, 1899:

»In den meisten Fällen wird der gute Redner auch gut schreiben, besonders wenn der Unterricht von Anfang an darauf hinzielt, beides Hand in Hand gehen zu lassen. Natürlich soll die mündliche Übung der schriftlichen vorangehen; denn daß, wer gut schreibt, nicht immer gut redet, zeigt die Erfahrung täglich« (S. 114).

Otto von Greyerz, 1914:

»Im Anfang war das Wort – nicht die Schrift« (S. 346).
»Der schriftliche Ausdruck soll sich auf jeder Stufe an den mündlichen des Schülers anschließen« (S. 364).

Sigismund Rauh, 1923:

»Unsere Schule muß zu allererst Sprechschule sein. Wenn sie keine Sprechschule ist, wird sie auch nie und nimmer eine wirkliche Schreibschule werden . . . In seiner ganzen Eigenart ist das Sprechen eine echt kindermäßige, urtümliche Tätigkeitsform des Menschengeistes . . . Daraus folgt, daß jede einzelne Niederschrift der Schüler aus einem wirklichen Sprechen entstanden sein muß, wenn sie nicht eine Verzerrung der Kindesnatur sein soll« (S. 13ff.).

Paul Georg Münch, 1926:

»Soll das Kind einen guten Aufsatz schreiben lernen, muß es so redefroh bleiben, wie es in seiner Vorschulzeit war und wie es jetzt noch ist beim Spiel mit seinen Kameraden . . . Es ist . . . nicht damit getan, daß man Montag früh eine Plauderstunde ansetzt und Sonntagserlebnisse vortragen läßt. Der gesamte Unterricht muß auf jenen Gesprächston gestimmt sein« (S. 45f.).

Viertens erfahren Jens, Katrin und ihre Kameraden am mündlichen Aufsatz, was auch für den schriftlichen, das »Geschichtenschreiben«, gilt: Er ist an jemanden gerichtet. Nämlich an Mitschüler und Lehrer. Ich spreche und schreibe nicht, weil jemand das verlangt, sondern weil ich, was ich erlebt habe, anderen mitteilen will.
Das war den Alten selbstverständlich, und wenn sie auch sonst in vielen Einzelfragen des Aufsatzunterrichts verschiedener Meinung waren: »daß »Mitteilen . . . die erste und fundamentalste Aufgabe des Aufsatzunterrichts« (Scharrelmann, 1914, S. 447) sei, war ihrer aller Überzeugung, die sie immer aufs neue bekräftigten.
Schon 1910 hatte Wilhelm Lamszus dagegen gewettert, daß die offizielle Methodik diese fundamentale Aufgabe gelöscht hatte. Was er damals schrieb, ist heute wieder gültig: »Darin steckt die eine Seite des Problems in seiner überraschenden Einfachheit: Wir sprechen, um uns mitzuteilen« (S. 286). Aber »die Methode, diese Teufelskunst, hat ein ganz neues, ein unerhörtes Ferment in die Zusammenhänge gebracht. Sonst war das erste agens, der Anreiz zum Sprechen, der den Mund auftat, der die Feder ansetzte: das Bedürfnis sich auszudrücken, sich mitzuteilen. Die Methodik aber löscht mit erstaunlicher Kühnheit diesen Urgrund weg und setzt dafür ein methodisches Postulat« (S. 288). »Es heißt nun nicht mehr: sprich, weil du etwas zu sagen hast, sondern: sprich, um dich zu üben« (S. 290).
Fünftens halte ich den mündlichen Aufsatz vor dem schriftlichen für bedeutsam, weil Jens und Katrin durch ihn die Gelegenheit haben, die Wirkung ihrer Geschichten zu erproben, ehe sie sich festlegen. Sie werden Stellen, die ihren Zuhörern besonders gut gefielen, in der schriftlichen Fassung mit besonders großer Sorgfalt bearbeiten. Meist sind es lustige oder spannende Passagen, die (oft wörtlich) im schriftlichen Aufsatz wieder auftauchen. Manche Geschichte aber, die bei den Zuhörern nicht »ankam«, wurde nie geschrieben. Schreiben ist geschriebenes Sprechen.

Schwimmtag – Schreibtag

Und schließlich meine ich, das sofortige Erzählen helfe Jens und Katrin, ihre Erlebnisse zu konservieren, bis sie Gelegenheit zum Schreiben haben. Denn diesen Kompromiß muß ich wohl schließen: Da unmittelbar auf das Erlebnis folgendes Schreiben nicht jeden Tag möglich ist, wenn nicht der Schulbetrieb in totale

Unordnung zerfließen soll, habe ich an zwei geeigneten Wochentagen Schreibzeiten festgesetzt.
Anders kann ich das nicht regeln: Alexandra braucht eine halbe Stunde Zeit für eine Geschichte; »Anton« und Meike sind erst nach einer Stunde fertig, Anja und Petra kommen mit zwei Stunden nicht aus, und Arne möchte am liebsten den ganzen Tag lang schreiben. Selbst, wenn ich doppelt soviel Zeit zur Verfügung hätte, als ich tatsächlich habe: Ohne dirigierende Planung kann ich nicht auskommen.
Ich habe das Problem so zu lösen versucht: Der Klasse gebe ich – unabhängig vom Fortgang des übrigen Unterrichts – ein Arbeitspensum für die Woche: Rechtschreibübung, Training der Grundrechenarten, Nachschlagetraining mit dem Wörterbuch usw. Ich überlasse es jedem Kind, wann und in welchen Abschnitten es sein Pensum erledigt. Wer eine Geschichte schreibt, braucht zwei Kapitel des Wochenprogramms nach seiner Wahl nicht zu bearbeiten.
Zeit für die Arbeit am Wochenprogramm und fürs Geschichtenschreiben ist jeweils donnerstags, der Tag des Schwimmunterrichts. Alle Kinder unserer beiden vierten Schuljahre haben wir je nach Schwimmvermögen in vier Leistungsgruppen eingeteilt. In halbstündigem Rhythmus holt der Bus die vier Schwimmgruppen ab und bringt sie wieder zurück. Für die Zwecke des Schwimmunterrichts ist das eine optimale Lösung; für den wechselnd zusammengesetzten Rest der Klassen ist die Zeit sinnvoll nur zu nutzen, wenn sie die selbst einteilen können.
Die weitaus meisten Geschichten werden donnerstags geschrieben. Besonders die Vielschreiber haben hier mehr als drei Schulstunden Zeit fürs Arbeiten.
Zweiter Schreibtag ist Samstag in der zweiten Stunde. Eine dritte, stets von mehreren Kindern genutzte Möglichkeit bietet die Zeit des »Förderunterrichts«, der nach den NRW-Richtlinien jeweils kleinen Kindergruppen zugute kommen soll und nicht für alle verbindlich ist. Wir bestellen zum Förderunterricht grundsätzlich stets alle Kinder. Er ist im Plan gar nicht als solcher gekennzeichnet. Aber die Kinder wissen, daß montags und freitags jeweils in der ersten Stunde differenzierter gearbeitet wird als sonst und klassenübergreifend.
Wer nun keinen Förderunterricht hat, darf Geschichten schreiben (oder, unter Aufsicht von Müttern, im »Lesezimmer« schmökern).
Wer eine Geschichte schreiben will, kann das also in einer Woche mit unterrichtsfreiem Samstag an bis zu drei Tagen tun, sonst an bis zu vier Tagen.
Geschichtenschreiben wird, wie geschildert, immer als Möglichkeit

zusammen mit anderen Aktivitäten angeboten. So kann das Prinzip der Freiwilligkeit verwirklicht werden. Damit alle zu ihrem Recht kommen und die Kinder einander nicht stören, verteilen wir uns auf mehrere Räume: Im Kartenzimmer stehen zwei Tische mit Stühlen, mehrere Klassenräume sind zu diesen Zeiten frei, drei Kinder haben in meinem Büro Platz (hier schreiben sie am liebsten!), in unserem eigenen Klassenraum stehen zwei mit Raumteilern abgetrennte Winkel zur Verfügung, und eine Flurecke haben wir ebenfalls mit Raumteiler und Tisch zu einer Arbeitsecke gemacht.
Die Art, wie scheinbar banale Organisationsprobleme gelöst werden, entscheidet darüber, ob ein »modernes« Konzept überhaupt verwirklicht werden kann. Es war darum nötig, derlei Banalitäten hier aufzuschreiben.

Zu Hause oder in der Schule?

Dieses Verfahren mag nicht ideal sein. Aber es gibt, meine ich, zu innerschulischen Lösungen dieser oder anderer Art nur eine Alternative, und die haben Adolf Jensen und Wilhelm Lamszus vor 70 Jahren gewählt: die Geschichten zu Hause schreiben zu lassen.
Diese Möglichkeit halte ich für entschieden schlechter, wenn sie auch sehr viel Zeit spart.
Erstens macht Schreiben in der Schule mehr Spaß als nachmittags zu Hause, wenn vor dem Fenster die Freunde schreien. Zweitens ist es mit dem natürlichen Erzählen allzu oft vorbei, wenn »liebevolle Tanten, schön redende Gouvernanten und lyrisch veranlagte Blondzöpfe sich hilfsbereit des Themas annehmen« (Münch, 1909, S. 25).
Viele Eltern schleppen noch heute den Sprachunterricht ihrer Lehrer mit sich wie einen Buckel. Und eben diesen Buckel schwätzen sie nun ihren Kindern auf: »Man fängt keinen Satz mit »Ich« oder »Und« an!«
Für weitaus besser halte ich, wenn Kinder in der Schule Gelegenheit erhalten, ihre Aufsätze vor dem Schreiben zu sprechen, und auch ohne Beeinflussung in der Schule zu schreiben.
Wir stellen damit auch die natürliche Ordnung her: Das Sprechen ist der Stamm. Schreiben und Lesen sind die Äste. Seit jeher haben sich Volksschullehrer gegen den gymnasialen Unfug gewehrt, Schreiben und Lesen höher zu stellen als Sprechen.

»Aller Sprachunterricht wurzelt im Sprechunterricht«, erklärte bündig der spätere Stadtschulinspektor Sigismund Rauh (S. 20). Und die Kollegen Jensen und Lamszus beschrieben die Wurzeln des Aufsatzschreibens so: »Und nun – eine besonders wirksame Geschichte ist zu Ende. Die Klasse atmet auf, das war aber fein ... Sieh mal, das ist eigentlich zu fein, als daß wir es vergessen wollen. Das mußt du aufschreiben. Und zwar genau so, als ob du vor der Klasse stehst und es uns erzählst« (1923, S. 102).

Zusammenfassung:

Die Kinder müssen schreiben wollen, müssen Freude am Schreiben haben. Das ist beim zentral verordneten Themenaufsatz zu oft nicht möglich. Möglich ist es nur, wenn statt des Themas das Erlebnis regiert. Da es ausgeschlossen ist, für alle gleiche Erlebnisse (»auf die Nerven Drückendes«) zu vermitteln, müssen wir jedem Kind die Möglichkeit geben, über *seine* Erlebnisse zu schreiben: Wir müssen die Themenwahl individualisieren.

Aus der Individualisierung der Themenwahl folgt, daß auch der Zeitpunkt der Niederschrift individualisiert werden muß, damit sie schreiben können, solange sie noch von ihrem Erlebnis bewegt sind. Sache des Lehrers ist es, dafür zu sorgen, daß der Stundenplan sich nach den sachlichen und fachlichen Erfordernissen richtet – und nicht umgekehrt.

Dennoch kann die Zeitwahl aus organisatorischen Gründen nicht gänzlich individualisiert werden. Hier hilft der »mündliche Aufsatz«: *Jeden* Tag können Geschichten erzählt und dadurch in ihrer Erlebnisintensität länger frisch gehalten werden. Dieses häufige Erzählen trägt gleichzeitig dazu bei, Freude erleben zu lassen und dem Sprechen als dem »Stamm« des Sprachunterrichts zur Vorherrschaft zu verhelfen.

Wer das Fundament aus Freude legen will, muß »schülerzentriert« arbeiten. Das heißt erstens: Die Kinder entscheiden, *ob* sie schreiben wollen oder nicht. Zweitens: Sie entscheiden selbst, *was* sie schreiben wollen. Drittens: Sie entscheiden, *wann* sie schreiben.

Ein solcher Unterricht ist ohne Nervenstrapazen und Kraftaufwand von jedem zu bewältigen, der den organisatorischen Rahmen den pädagogischen Erfordernissen anpaßt.

Kapitel 3: Theoretiker

›Gebundener‹ Aufsatz – gefesselte Kinder

Die Alten meinten, Kinder könnten bloß *ab*schreiben, nicht aber Eigenes ›aus dem Kopfe‹ aufschreiben. Erst allmählich setzte sich die Einsicht durch, daß Kinder mehr können. In der Württembergischen Schulordnung von 1782 ist der Fortschritt so dokumentiert: »Denen, die im Schreiben sich bereits gefaßt haben«, könne »zuletzt auch aus eigenem Kopfe etwa einen auswendig gelernten Spruch zu Papier bringen aufgegeben werden, damit sie nicht nur nachmalen, sondern selbsten etwas zu schreiben lernen« (nach: Diesterweg, S. 252).
Hundert Jahre später waren wir nur wenig weiter. Ein preußischer Ministerialerlaß vom 15. Oktober 1872 faßte zusammen, was nach Adolf Diesterweg »in jeder guten Schule längst üblich« (S. 252) geworden war: Schüler der Unterstufe sollten »ein nach Form und Inhalt leichtes Sprachstück selbständig niederschreiben ... können« (a. a. O.).
Von nun an pflegten die Kollegen das Aufgesetzte formaler Art: den ›gebundenen‹ Aufsatz.
Wie das zuging, hat einer der Kritiker dieses Aufsatzes, Paul Reiff, so beschrieben: »Zuerst, nach Angabe des Themas, werden Gedanken zusammengetragen, dann wird eine Disposition entworfen, die bei der Art der üblichen Themen nicht entbehrt werden kann. Dagegen läßt sich nicht viel sagen. Nun aber kommt das Ungeheuerliche! Nun wird ein Satz nach dem andern vorgenommen, gedrückt, geknetet, gekaut, hinzugefügt, weggeschnitten, kurz: jeder Satz wird so lange unbarmherzig bearbeitet, bis er dem Lehrer passend erscheint. Dann wird dieser mühsam erworbene Satz im Chor und einzeln so lange gesprochen, bis er ›sitzt‹« (S. 3). Dann wurde das Gelernte auswendig aufgeschrieben, und das nannte man ›Aufsatz‹.
Dieses Verfahren schien Hand und Fuß zu haben. »Es ist dem Schüler der Volksschule nicht möglich, wirklich selbst zu produzieren«, behauptete Friedrich Nadler in seinem weit verbreiteten Buch noch 1897 (nach Geffert, S. 413). Denn, lehrte der große Adolf Diesterweg, »die Hauptsache bei einem Aufsatze sind die

Gedanken. Wem die fehlen, der muß das Schreiben lassen. Da nun Kinder bis zum vierzehnten Jahre unreife Menschen sind und keine Gedanken haben, die sie geneigt wären, dem Papiere anzuvertrauen, so muß man ihnen dazu verhelfen« (Band II, Seite 253).

Die Freiheit der Reformer

Rudolf Hildebrand hatte, von den Wortführern der Diskussion zunächst übergangen, schon 1867 mit seinem heute klassischen Werk »Vom deutschen Sprachunterricht in der Schule« die Wende eingeleitet. Er stellte dar, wie wenig bei diesem Aufsatzunterricht herauskam, wie sehr er die Interessen der Kinder mißachtete und über ihre Köpfe hinwegrauschte. »Die Schüler«, schrieb er, »denken und fühlen aber bei allem, das sie gelehrt bekommen, etwas Eigenes in sich, und in diesen stillen Gefühlen und Gedanken, die neben denen des Lehrers heimlich nebenher laufen, sitzt das Ich des Schülers« (S. 54f.). »Am besten«, hatte er erfahren, »gelingen denn auch solche Arbeiten . . ., in denen man die Schüler etwas erzählen und frei gestalten läßt, was sie selbst erlebt und erfahren haben« (S. 55).

Während der nächsten Generation erreichte sein Buch sieben Auflagen, und in dieser Zeit brachen sich seine Ideen allmählich Bahn. Die Kunsterzieher setzten sie in Unterricht um (ohne sich freilich auf ihn zu berufen). Den Durchbruch aber schafften jene Praktiker, die wir heute zu den Reformpädagogen zählen: Heinrich Scharrelmann, in seinen Büchern stolz als »Lehrer zu Bremen« ausgewiesen, schrieb mit einer Mädchenklasse wohl als erster in Deutschland ein Buch gemeinsam mit Kindern (»Der Geburtstag«). Sein Bremer Freund und Kollege Fritz Gansberg wollte ohne persönliche Anteilnahme keinen einzigen Aufsatz mehr schreiben lassen; sein Buch zum Aufsatzunterricht galt unter zeitgenössischen Kollegen als Standardwerk. Paul Georg Münch, Lehrer in Leipzig, kannte »in pädagogischen Landen nur zwei Gesetze. . .: Rege im Kinde schöpferische Kraft! Und beachte, daß alles Wachsen im Zeichen von Sonne und Freude zu stehen hat« (1926, S. 10). Otto Anthes proklamierte die »Massenverbannung fast all der Aufsatzthemen,« »denn mein Schüler wird sich in der Hauptsache seinen Stoff selbst suchen müssen« (1907, S. 124f.).

Wahlfreie Aufsätze ließen auch die Hamburger Volksschullehrer Adolf Jensen und Wilhelm Lamszus schreiben. Viele Bücher von

Lehrern mit Praxisberichten und Kostproben kindlichen Schaffens erschienen in kurzer Zeit: von Paul Reiff, Alfred Wolf, Paul Krause und vielen anderen.

Das unerhört Neue war: Nicht mehr sollten Kinder sich den Lehrern fügen, sondern die Lehrer begannen zu lernen, die Wünsche und Neigungen der Kinder den Unterricht bestimmen zu lassen.

Um das Revolutionäre dieser Wandlung würdigen zu können, muß man sich vor Augen halten, daß diese Kollegen vom ›gebundenen Aufsatz‹ unmittelbar zum ›freien‹ fortschritten. Da ist verständlich, daß sie verschieden weit auf dem Weg der Erkenntnis und der praktischen Verwirklichung vorankamen.

Erlebnisaufsatz, Phantasieaufsatz, Tiergeschichten, Stoffe aus dem Sachunterricht, Rätselerfinden, physikalische Versuchsprotokolle, Tagebuchblätter: Die in Jahrhunderten gemauerte Kaserne des ›gebundenen‹ Aufsatzes wurde innerhalb weniger Jahre so unbewohnbar, daß sogar ein preußischer Erlaß sie zu betreten verbot. Besonders in vielen Volksschulklassen wurde der Aufsatzunterricht während des ersten Jahrhundertdrittels revolutioniert.

Bemerkenswert daran ist, daß diese »wirklich fortschrittliche Pädagogik«, wie sie Wolfgang Metzger in unseren Tagen rühmt (S. 226), von der Volksschule ausging. Der alte gebundene Aufsatz war der verkümmerte Bruder des Gymnasialaufsatzes gewesen, wie überhaupt die Volksschule auf vielen Gebieten dem Vorbild des Gymnasiums nachzueifern versuchte. Der freie Aufsatz aber war ein Kind der Volksschule, und er kann nur verstanden werden als Teil einer mit Selbstbewußtsein sich befreienden Pädagogik, deren Ziel statt des Lehrens von Schülern Menschenbildung war. Zum erstenmal in der Geschichte der deutschen Schule wurde die Volksschule zum Vorbild für das Gymnasium, und selbstbewußt demonstrierten Volksschullehrer ihr Selbstverständnis als Pädagogen.

Adolf Jensen und Wilhelm Lamszus registrierten mit der Nachsicht des Überlegenen diese Trendwende: »So ist man denn selbst im lateinischen Lager bedenklich geworden. Schon mehren sich die Stimmen, die mehr Rücksicht auf die Eigenart des Schülers verlangen« (1920, S. 173). Und an den Schluß ihres Furore machenden ersten Buches (Schundliterat) setzten sie Vorschläge, wie der Lehrer als »Organisator, . . . Anreger und Kinderfreund . . . Wunder tun« (S. 182) könne, und diese Vorschläge umfaßten ausdrücklich auch die ›höhere‹ Schule.

Tatsächlich veränderten die Ideen aus der Volksschule vorübergehend auch den Sprachunterricht in vielen Gymnasialklassen.

Aber schon in den zwanziger Jahren leiteten Gymnasiallehrer (Wilhelm Schneider, Fritz Rahn) eine neuerliche Gegenbewegung mit deutlich restaurativen Zügen ein. Sie hatten beim ›freien‹ Aufsatz Mängel ausgemacht, die Rolf Sanner 1964 so beschreibt:

- »Die Schwierigkeit, ihn zu methodisieren, d. h. unterrichtlich zu planen und aufzubauen,
- die Einseitigkeit, die mit dem Verharren im Medium der Erlebnissprache gegeben war und
- die Unmöglichkeit, von hier aus den geistigen Raum des sogenannten Besinnungsaufsatzes zu erschließen« (S. 8).

  Drastischer formuliert:
- Der freie Aufsatz taugt nicht, weil er ein vom Lehrer geplantes Fortschreiten im Gleichschritt verhindert.
- Vom falsch verstandenen Erlebnisbegriff der Reformer abgesehen: Der freie Aufsatz taugt nicht, weil er den Schüler zwingt, in der sprachlichen Einseitigkeit der Homer, Kleist, Dickens und anderer großer Erzähler zu verharren.
- Der freie Aufsatz taugt nicht, weil der Lehrer nicht weiß, wie er die von ihm erfundene Krönung allen Schreibens, den ›Besinnungsaufsatz‹, auf diesem Wege erreichen kann.

Zwar spricht man heute vom ›sprachgestaltenden Aufsatz‹, aber der neue Unterricht ist nicht mehr als der renovierte alte. Das zeigt besonders eindrucksvoll die Art und Weise, wie in der Fachliteratur für Gymnasiallehrer die alte Diskussion um die Stilformen des Aufsatzunterrichts fortgeführt wird. Und wie wenn die Scharrelmann, Gansberg, Anthes, Münch, Jensen, Lamszus nie gelebt hätten, beteiligen sich immer mehr strebsame Volksschullehrer an dieser Diskussion.

Einige Dutzend Begriffe, oft nur um Nuancen voneinander unterschieden, manchmal inhaltsgleich und erkennbar nur aus Eitelkeit erfunden, stehen wie Kondenswolken über dem Nebel einer Diskussion, die ich als Grundschullehrer nur fassungslos verfolgen kann. Es geht um Erlebnisschilderung und -erzählung, um Beschreibung, Sachbericht, Schilderung und Beobachtungsbericht, um Bildbeschreibung, Plauderei, Phantasiegeschichte, Stimmungsskizze, Zustandsschilderung, Seelenschilderung (hu!) und so weiter eine ganze Seite lang. Jeder will anderes. Der eine verwirft dieses, der andere hält jenes für untauglich. Alle kämpfen mit dem Eifer der wahren Gläubigen. Und nicht einmal über den Namen des Streitgegenstandes sind sie einig. Geht es um *Aufsatz*formen,

*Grund*formen oder *Stil*formen? Oder müßte man nicht von Stil*gattungen* oder Stil*typen* sprechen? Wenige verfechten den Begriff Aufsatz*arten*.
Wer als Außenseiter eine solche Diskussion verfolgt, wird den Verdacht nicht los, daß die Disputanten jene ganz aus dem Blick verloren haben, um die es doch eigentlich geht: die Kinder.
»Dennoch«, beharrt Rolf Sanner, »geht es nicht ohne eine Mindest-Aufgliederung in Darstellungsformen« (S.18) für die Volksschule, und ausdrücklich für die Grundstufe stellt er fest: »Die Ausgliederung der einzelnen schriftlichen Darstellungsformen gehört zu den wichtigsten Aufgaben des Aufsatzunterrichts« (S. 52). Wir Lehrer müßten diese Formen Kindern bewußt werden lassen »als Möglichkeiten zu einer differenzierten geistigen Erschließung der Welt« (S. 19). Was meint er? Was ist das: »differenzierte geistige Erschließung der Welt«? Das ist eine Nebelwolke.
Alle mir bekannten Autoren beginnen Sprachwolken zu türmen, wenn sie sich hierzu äußern. Für Alexander Beinlich sind ›Stilgattungen‹ und ihre Aufsatzformen »Grundformen geistigsprachlicher Weltbewältigung« (S. 428). Für Robert Ulshöfer ist die »Frage nach den Grundstilen ... die Frage nach den Urformen des geistigen Lebens ..., nach den Formen der Bewältigung des Daseins durch das Wort« (1976 a, S. 203).
Wessen Frage? Doch wohl nicht der Kinder! Was meinen diese Autoren? Was wollen sie?
Hermann Helmers sucht Wurzeln in der antiken Rhetorik, Joachim Rüdiger Groth erfindet den »fiktionalen Monolog« als Teil planvoll aufgebauten Aufsatzunterrichts, Alexander Beinlich beruft sich auf Humboldt und Weisgerber. Auf die Kinder beruft sich niemand.
Was wollen sie? Solange sie nicht konkret sagen, warum Kinder so etwas lernen sollen und was bei alledem deren fortwährend beschworene »Interessen und Bedürfnisse« sind, solange sie nicht plausible Erklärungen geben, sondern pathetisch-wolkig werden, halte ich mich an Ludwig Reiners: »Nur wer einen Gedanken angemessen darzustellen vermag, beherrscht ihn wirklich« (S. 39).
Was die Kinder wollen, mögen und möchten, spielt anscheinend überhaupt keine Rolle. Sie sind einfach aus dem Blick geraten. Seit den Zeiten der Württembergischen Schulordnung haben wir unseren Unterricht nie mit ihren Augen zu sehen versucht – die kurze Epoche der Reformpädagogen ausgenommen. Kinder haben in der Schule ›nichts zu sagen‹, und deshalb sind ihre Aufsätze auch so nichtssagend. Kinder sind immer nur die Objekte unserer »Erziehung« gewesen.

Erzogen muß sein

Im vorigen Jahrhundert erklärte Gustav Adolf Linder, was die überwältigende Mehrzahl seiner Kollegen dachte: Die »schriftlichen Aufsätze« seien ein »wichtiges Erziehungsmittel« (Beinlich, S. 73).

Ein Erziehungsmittel: Das ist der Punkt.

Die Alten wollten mit Hilfe des Aufsatzes in deutsche Dichtung einführen, zum logischen Denken erziehen, den Stil bilden, moralisch erziehen, national erziehen. Sie wollten immer irgend etwas. Denn erzogen muß sein.

Die Schüler ertrugen diese Erzieherei nur mit Widerwillen. Sie schrieben Aufsätze aus keinem anderen Grund als dem, der Soldaten veranlaßt, sich alle zugleich flach auf den Boden zu legen: weil es befohlen ist. Ob die Kinder das gern taten, ob es ihnen angemessen war, ob sie es wollten, interessierte nicht.

Im Grunde hat sich nichts geändert. Bis auf den heutigen Tag sprechen wir bezeichnenderweise von ›Aufsatzerziehung‹. Wir wollen den Kindern zur differenzierten geistigen Erschließung der Welt verhelfen, geistige und sprachliche Weltbewältigung ermöglichen und Bewältigung des Daseins durch das Wort, was immer das alles sein mag. Die Interessen des Lehrers stehen vor den Interessen der Kinder. Lehren ist wichtiger als Lernen.

Einiges von der Arbeit der Reformer wirkt zwar weiter, vornehmlich in der Grundschule. Insgesamt aber sind sie vergessen, ›überholt‹, wie man sagt. Die Nachfolger Fritz Rahns beherrschen das Feld, auch in der Grundschule. Schlimmer: Weil es eine fachlich qualifizierte Ausbildung für die meisten Lehrer nicht mehr gibt, setzt sich allmählich der nach privatem Gutdünken erteilte theoriefreie Aufsatzunterricht durch.

Richtlinien, Lehrpläne und in ihrem Gefolge ›Sprachbücher‹ weisen aus: Höchst selten wird nach den Kindern gefragt, was die wohl schreiben wollen, was ihnen Freude macht, was zu schreiben ihnen ein Bedürfnis ist, was sie interessiert: was ihnen ›schmeckt‹. Der Lehrer ›behandelt‹ Erzählung, Bericht, Schilderung in der scharf abgrenzenden Form der Friesen (siehe die Richtlinien für Schleswig-Holstein) oder nach Art der Rheinländer und Westfalen als die »Sprache persönlichen Erlebens und Sprache sachgerichteter Erkenntnis« (Richtlinien NRW, 2.3.3). Die Kinder machen mit oder auch nicht. Der Lehrer bestimmt die Themen, und die Kinder können etwas mit ihnen anfangen oder auch nicht.

Die Grunderkenntnis der Reformer ist verloren gegangen: *»Wir*

kümmern uns nur zu wenig um die Interessen der Kinder; wir unterrichten, was uns und nicht was ihnen bedeutend erscheint« Fritz Gansberg, 1914, S. 18).
Da bei dieser Mißachtung der Kinder deren Gefühle und Gedanken häufig »neben denen des Lehrers heimlich nebenher laufen«, haben wir die ›sekundäre‹ oder ›extrinsische‹ Motivation erfunden: Wenn die Kinder nicht mitmachen, kriegen wir sie mit Tricks dazu – Interesse hin, Bedürfnis her. Und diese Tricks sind wissenschaftlich anerkannt, mehr noch: von Wissenschaftlern erfunden.

Die ›echten‹ Situationen

Beispiele aus anerkannt ›fortschrittlichen‹ Sprachbüchern werden die ganze Trostlosigkeit unseres Aufsatzunterrichts zeigen.
Beliebtester Trick ist das Erfinden sogenannter ›echter‹ Sprachsituationen, die passend zur fix und fertig vorliegenden Theorie ausgesucht werden.

- Der Lehrer, so bestimmt es das Sprachbuch, eröffnet das Schuljahr mit dem Kapitel ›Auskünfte geben und einholen‹. Warum? Weil die Sprachbuch-Autoren meinen, Kinder dieses Alters müßten von August bis September ihre Fähigkeit verbessern, »adressatengerecht Auskunft zu geben und gezielt zu fragen«. Weil aber abzusehen ist, daß viele von ihnen das gar nicht wollen, werden ›echte‹ Situationen gesucht, die sie ›motivieren‹ könnten. Gefunden wird »Einem Fußgänger einen Weg beschreiben«.

Aber für meine Viertkläßler ist das nicht echt, sondern eine weitgehend unbekannte Situation, sie ist uninteressant und langweilig und vor allem: unwichtig. Vier meiner 32 haben das, meinen sie, schon mal gemacht. Die werden sich wundern, wenn sie merken, wie kompliziert diese ›echte‹ Situation des Buches im Vergleich zur wirklich echten ist. Und vor allem werden sie sich wundern, daß man in dieser ›echten‹ Situation etwas aufschreiben muß, was in der wirklich authentischen mündlich geschieht.
Auch den Autoren ist nicht ganz wohl bei dieser Aufgabe. Sie schreiben: »Es ist bestimmt schon oft passiert, daß . . .« Bestimmt. Und: »Nimm an, du stehst vor der Schule und ein Fußgänger fragt dich nach dem Weg.« Keinem meiner 32 ist das je widerfahren. Deshalb heißt es ja auch: Nimm an!
Nichts an dieser Aufgabe ist echt, und die Kinder haben nicht das

geringste Bedürfnis, sich mit dergleichen Aufgaben zu befassen. Ein Bedürfnis hat nur der Lehrer: Für den ist das Textsortenunterricht mit eingebauter Überlistung.

- Wenn wir das genug geübt haben, dann wollen wir, mit Hilfe eines anderen Mediums, ›Auskünfte geben und einholen‹: Wegbeschreibung im Brief. Warum? Weil wir das für wichtig halten. Ob die Kinder das für wichtig halten, ist nicht die Frage. Damit es ›echt‹ wird, erfinden wir einen Brieffreund. (Wer hat einen? Drei der meinen melden sich. Von denen bekunden zwei, sie schrieben alle Jubeljahre, weil ihre Eltern das verlangten.) Weil es den Brieffreund des Buches nicht gibt, kann bei meinen Schülern von Bedürfnis keine Rede sein.

Nun verlangt das Sprachbuch gar, besagtem Freunde den Weg zur Wohnung zu erklären, weil der auf einer Radtour vorbeikommen wolle. »Was soll das?« fragte Matthias. Er ist verstimmt, weil er den Trick durchschaut, mit dem der Lehrer ihm seine Absichten verkauft.

Der Prozentsatz der Kinder, die jemals in eine solche Gelegenheit kommen können, kann nur in der zweiten Stelle hinterm Komma angegeben werden. Das ist so offensichtlich, daß die ›Sprachbuch‹-Autoren auf jede Tarnung verzichten. Sie schreiben: *»Stell dir vor,* dein Brieffreund will dich auf einer Radtour besuchen.« Weil die Sprachsituationen nicht echt sind, sollen Kinder sie sich eben als echt vorstellen.

Ein letztes Beispiel aus einem anderen Buch.

- Abteilung: »schriftliches Sprachhandeln«
  Sektor: »Texte nach vorgegebenen Situationen verfassen«
  Gesucht: echte Situation
  Gefunden: Fußballspiel, Streit um die Berechtigung eines Elfmeters.

Im Sprachbuch steht: »Du hast den Vorfall genau beobachtet und erzählst ihn daheim deinem Vater.«
Bärbel: »Aber ich hab doch gar nichts beobachtet!«
Lehrer: »Macht nichts. Du sollst es dir ja auch bloß vorstellen.«
Bärbel: »Aber warum denn?«
Lehrer: »Du sollst dabei etwas Bestimmtes lernen.«
Bärbel: »Was denn?«
Lehrer: »Das kann ich dir nicht erklären. Dazu bist du noch zu klein.«
Bärbel: »Ich hab aber keine Lust.«
Lehrer, lieb und mit sanfter Stimme: »Sieh mal, in der Schule kann man nicht immer nur tun, wozu man Lust hat.«
Mit diesen Beispielen ließen sich mühelos ganze Bände füllen.

Kommen solche Aufgaben den Interessen und Bedürfnissen der Kinder entgegen? Von wegen: Einzig die Interessen von Sprachbuchautoren und Verlagen werden hier verfolgt. Und der Lehrer macht mit, weil es für ihn am bequemsten ist: Auch um seine Interessen geht es.

Narrative Narretei in Richtlinien

Wie konnte es soweit kommen? Wie war ein solcher Rückschritt nach der Zeit der Reformer möglich?
Ich meine, diese Mißachtung von Kinderinteressen sei nicht Verleger- oder Autorenwillkür. Sie ist vielmehr in den Richtlinien und Lehrplänen begründet. Die haben die Restauration amtlich gemacht. Die haben aus dem freien und befreienden Aufsatz der Reformer wieder den bucklichten Bruder des Gymnasialaufsatzes gemacht. An zwei Bundesländern sei es gezeigt.
Die Schleswig-Holsteiner verlangen im vierten Schuljahr einen diskursiven Aufsatz, dazu je zwei Stück informative und appellative und vier narrative Aufsätze (S. 37). Warum? Weil sie sich das so ausgedacht haben. (Und auf daß es sich wissenschaftlich anhöre, haben sie nach Kräften das Deutsche vermieden.) Zufällig hatten jene Wenigen, die sich das als wichtig ausgedacht haben, gerade das Sagen in Schleswig-Holstein. Das wird sich ändern. Aber bis dahin lassen einige Tausend Grundschullehrer auf Kommando vier Stück narrative Aufsätze produzieren.
Liberaler geht es in Nordrhein-Westfalen zu. Da heißt es nur: »Sprache persönlichen Erlebens und Sprache sachgerichteter Erkenntnis müssen in der mündlichen und schriftlichen Sprachgestaltung geübt werden« (2.3.3, D/SP 10). Warum? Das kriegen nicht mal die Lehrer gesagt. Aber es wird schon einen Grund haben.
Weiter heißt es: »Anlässe« zu dieser Übung »können sich aus dem Erleben der Kinder . . . ergeben oder bewußt im Unterricht herbeigeführt werden (geplante Ansatzpunkte)« (2.3.4).
Was ist ein »geplanter Ansatzpunkt«? Eine Seite später steht die Antwort: »Im schriftlichen Bereich zählen zu den geplanten Anlässen alle geforderten Aufsätze und gestellten Themen« (2.3.4, D/SP 11). Jetzt ist es heraus: Wenn uns nichts Besseres einfällt, werden wie zu der Vorväter Zeiten Aufsätze einfach gefordert und Themen gestellt. Das heißt dann »geplanter Anlaß«.
Die Interessen der Kinder sind überhaupt nicht gefragt. Das ist

auch nicht möglich, da doch nur der Lehrer Ziele und Wege kennt: »Der Lehrer wählt die Lernziele aus durch die Zusammenstellung aus den stofflich definierten Bereichen in Tabelle 1 mit den Tätigkeitsfeldern und ihren Dimensionen in Tabelle 2 . . . In Tabelle 1 sind 64 stofflich bezeichnete Übungsfelder unterschieden worden. Kombiniert mit den 72 Tätigkeitsfeldern . . . erhält man 64 × 72 verschiedene operationalisierte Lernzielfelder« (3.3.3, D/SP 46). Das ist wahrlich eine eindrucksvolle Malaufgabe. Aber sie gehört in den Rechenunterricht.
Ehe ich meine Meinung zu der Hauptursache des Übels sage, ziehe ich eine Zwischenbilanz:
Lernen in der Schule muß Freude machen. Umgang mit Sprache muß Freude machen. Darum ist die Frage nach den Interessen und Bedürfnissen der Kinder die erste. Daß sie so selten gestellt wird, ist unseren sogenannten Sprachbüchern zuzuschreiben und uns Lehrern, die wir mit diesen Büchern umgehen und die wir keinen Weg suchen, sie zu umgehen. Beide: Lehrer und ihre Bücher, werden bestimmt von Richtlinien und Lehrplänen. Die wiederum werden bestimmt von unseren Spezialisten an den Hochschulen.

Pädagogische Autarkie

Das halte ich für die Pfahlwurzel des Übels: Unsere Spezialisten an den Hochschulen betreiben Sprachdidaktik ohne Kinder; entsprechend sind die von ihnen geprägten Bücher, und entsprechend bilden sie ihre Lehrer aus.
Sie reden über Sprache, nicht über Kinder. Als Fachwissenschaftler haben sie sich Einfluß auf unsere Schularbeit genommen, nicht als Pädagogen. Von Kindern wissen sie wenig. Nach Kindern fragen sie kaum.
Weil das so ist, entfernten sie sich immer mehr vom Schulleben. Der Aufsatz von W. Herrmann »Zur Krise der Aufsatzdidaktik« enthält eine dreistellige Zahl von Literaturverweisen und nennt um die hundert Fachbücher. An keiner Stelle habe ich den Eindruck, es sei auch nur mittelbar von meinen Schülern und mir die Rede.
Sie reden über »ideologiekritische Ansätze« und »linguistische Zielbestimmungen«, sie wollen das »Gattungsgefüge problematisieren« und erhitzen sich an der »Kritik der Themenstellung«; einer »postuliert« sechs Textfunktionen (»aus Kombination der Größen referentiell-konativ-emotiv hergeleitet«), ein anderer hält

das für eine »zu schmale und abstrakte Grundlage für systematisches Ordnen im Unterricht«.
Hundert Fachleute finden immer neue Fragen und Antworten, zitieren einander, gestehen einander ›neue Ansätze‹ zu, wichtige Fragen und interessante Untersuchungen. Sie entdecken Probleme über Probleme, von denen wir pädagogisches Fußvolk kaum etwas verstehen, und jedes einzelne erzeugt ein paar neue, die »überhaupt noch nicht untersucht« seien: So versorgen sie sich selbst mit Arbeit. Das ist die pädagogische Autarkie unserer Fachdidaktik. Mit der Schulwirklichkeit hat das alles wenig zu tun. »Da es sich um Forschungsergebnisse handelt«, schreibt Dietrich Boueke, Herausgeber des Bandes »Deutschunterricht in der Diskussion«, enthalte das Buch »keine unmittelbar für den Unterricht verwertbaren Informationen« (S. 8). Ein Buch über Unterricht enthält keine unmittelbar verwertbaren Informationen über Unterricht! Und das ist kein Einzelfall, sondern die Regel. Wozu dann dient diese regalfüllende Diskussion?

Zauberwort ›Kommunikation‹

Vor etwa einem Dutzend Jahren kam scheinbar Neues auf, und inzwischen ist das Neue wie eine Woge über uns hinweggerollt. ›Kommunikation‹ wurde das modische Zauberwort, und kein Lehramtsstudent, der nicht gewichtig von ›Sender‹ und ›Empfänger‹ zu parlieren verstand. Das Kind als Partner in einem Kommunikationsprozeß: Steht es also endlich im Mittelpunkt? Ach wo. Wieder einmal geht es um eine *Sache,* nicht um die Bedürfnisse und Interessen von Kindern.
Wenn etwa Beyer/Kreuder mit Helmers über Kommunikation streiten, suche ich als Lehrer vergebens den Bezug zu meinem Schultag. Dabei sind diese Disputanten näher an der Praxis als viele andere.
Die Theorie gebietet Texte mit Gebrauchswert und Wirkungsabsicht. Ob die Kinder dabei mitmachen, ob deren Verlangen es gebietet, ist abermals nicht gefragt.
Aber wie wollen wir denn mit Kindern »Lerneinheiten . . . isolieren und ihnen Übungsformen zuordnen, die auf einzelne Faktoren von Kommunikationsformen abzielen« (Otfried Hoppe, S. 18), wenn Kinder das gar nicht wollen? Wie könnten wir denn Kindern beibringen, sie müßten bei einer Gestaltungsaufgabe »intersubjektive und objektive Grundintentionen« unterscheiden (Werner Ingendahl), wenn die Kinder nur widerwillig gehorchen?

Hermann Helmers:

»Auf der Suche nach systematisch, logisch und politisch vertretbaren Kategorien der sprachlichen Kommunikation in der gesellschaftlichen Praxis stößt die Didaktik zunächst auf die vier wissenschaftlich gesicherten fundamentalen Kategorien: Sprechen, Lesen, Schreiben und Verstehen. Das ist die von der modernen Sprachpsychologie bestätigte Fächerung der sprachlichen Kommunikation. Sprechen und Schreiben bedeuten den produktiven Sprachvorgang, Lesen und Verstehen den rezeptiven Sprachvorgang. Aus dem Aspekt des Nebeneinanderstehens von Sprechsprache und Schriftsprache in der modernen Gesellschaft gehören Sprechen und Verstehen auf der einen Seite – sowie Lesen und Schreiben auf der anderen Seite zusammen . . .« (1976, S. 31).

Darauf antworten – bezogen auf den Text einer früheren Ausgabe –

Klaus Beyer und Hans-Dieter Kreuder:

»Einer solchen ›allgemeinen‹ Anerkennung können wir uns vom Standpunkt moderner Kommunikationstheorie her allerdings nicht anschließen, weil hier unterschiedliche Kategorien vermengt werden: Dem Schreiben auf der Senderseite entspricht zweifellos das Lesen auf der Empfängerseite. Gegenüber dem Sprechen des Senders fehlt jedoch das Hören des Empfängers. Die beiden Paare Sprechen/Hören und Schreiben/Lesen hätten in der Tat recht gut die Kommunikation in ihren mündlichen und schriftlichen Bereich aufteilen können. Stattdessen taucht der Begriff ›Verstehen‹ auf, der zwar der Empfängerseite zuzuordnen ist, aber keineswegs das erforderliche Pendant zum ›Sprechen‹ bilden kann. Vielmehr drückt er erst das intendierte Ergebnis der Kommunikation, also in gewisser Weise das Resultat des Hörens, aber auch des Lesens aus. Die Entsprechung dieses Resultats auf der Senderseite fehlt wiederum: die Intention des Senders« (S. 28).

Die Kommunikationswelle ist um nichts besser als alle ihre Vorgängerinnen, denn wieder einmal bestimmen Erwachsene, was für

Kinder gut und richtig sei. Schreiben wurde dabei offenkundig nicht beliebter als zuvor. Kaum eine Aufgabe wird angeboten, die nicht Fritz Gansberg, Otto Anthes, Adolf Jensen und Wilhelm Lamszus als kinderfeindlich verworfen und die nicht Heinrich Scharrelmann und Paul Georg Münch attraktiver hätten anbieten können. Für die Kinder ist auch der kommunikationstheoretisch begründete Aufsatzunterricht Pflicht – nicht Bedürfnis und nicht Vergnügen.

Wer als Lehrer versucht, die Wünsche und Neigungen von Kindern, ihre Fragen und Forderungen, Interessen und Bedürfnisse seine Schularbeit bestimmen zu lassen, wer also wirklich ›kindzentriert‹ zu arbeiten versucht, für den sind viele der gelehrten Auseinandersetzungen unserer Theoretiker wissenschaftliches Schattenboxen.

Selbst Hochschullehrer, die sich um Praxisnähe bemühen, die gescheite Lernzielkataloge erfinden und raffinierte ›Strukturgitter‹ konstruieren, verlieren immer mehr die Beziehung zum Kind. Sie reden und reden – und kaum ein Mensch tut, was sie reden, aber sie merken es nicht und reden unentwegt weiter. Sie sind Fach-Wissenschaftler, die sich unausgesprochen für autonom erklärt haben; sie brauchen die Schule nicht mehr.

Einzige Hoffnung: wir selbst

Die Lehrer in der Praxis nehmen ihre Diskussionen deshalb auch kaum noch zur Kenntnis. Nur, bis man sein zweites Examen hinter sich hat, nimmt man das alles ernst oder tut so, als ob.

Manche von uns hoffen immer noch, es werde einmal eine andere Zeit anbrechen, die Hochschullehrer würden das Kind wiederentdecken. Ich halte diese Hoffnung für nicht realistisch; denn inzwischen haben sich unsere Theoretiker viel zu sehr verselbständigt, sie können nicht mehr zurück. Kaum etwas wird sich ändern, weil die didaktischen Theorien unserer Spezialisten im Kielwasser fachwissenschaftlicher Theorien segeln. Unsere Theoretiker sind in dieser Abhängigkeit gefangen. Befreiung wäre nur über den Umgang mit Kindern zu erreichen. Aber von denen wissen sie kaum etwas, wissen kaum, wie es in der Schule zugeht, wie kleine Kinder denken, fühlen, handeln, reagieren, was sie mögen und nicht mögen, wünschen und nicht wünschen, brauchen und nicht brauchen.

»Kein einziger meiner hochgelehrten Bielefelder Professoren-Kollegen«, schreibt Hartmut von Hentig, »die an der Fakultät für Pädagogik Lehrer ausbilden, ist selber Lehrer gewesen. Schule kennen sie nur aus der Erinnerung, Kinder nur, wenn sie eigene haben, und der Rest ist Literatur«.

Weil wir Lehrer von der Fachdidaktik zur Zeit kaum etwas zu erwarten haben, sind wir auf uns selbst angewiesen. Zu uns gehören jene Kollegen, die gleichzeitig in der zweiten Phase der Ausbildung an den Seminaren arbeiten.

Unsere Partner sind die Pädagogen unter den Fachleuten der Hochschulen, und unsere Partner sind Eltern, die nicht als Agenten des Gymnasiums Grundschulkinder beizeiten an Auslese gewöhnt sehen wollen.

Wenn wir Kinder lieben oder wenigstens respektieren, gibt es überhaupt nur noch eine Hoffnung: unsere Tat. Die Reformer nannten das die »pädagogische Tat«. Von ihnen können wir lernen. Und voneinander. Unsere Kollegen unter den Fachdidaktikern werden uns helfen. Die Eltern müssen wir als Bundesgenossen gewinnen.

Zusammenfassung

Die Geschichte des Aufsatzunterrichtes ist eine Geschichte der Kindermißachtung. Wenn Unterricht schlecht war, zwang er Kinder rücksichtslos zu ›schlucken‹, was die Erwachsenen ihnen vorsetzten. Wenn er gut war, versuchte er den Kindern das Schlucken schmackhaft zu machen. Was sie wirklich interessierte, war in beiden Fällen nicht gefragt: Kinder blieben Lehr-Objekte. Nur während der kurzen Zeitspanne der Reformer gab es erste Versuche mit Unterricht, den tatsächlich die Interessen und Bedürfnisse von Kindern bestimmten.

Diese Kinderfeindlichkeit kennzeichnet auch den Aufsatzunterricht unserer Zeit.

Eine Trendwende zugunsten der Kinder setzt jedoch Erfahrungen im Umgang mit Kindern voraus.

Kapitel 4: Erstes Schreiben

Das Schreiben verbeamtet

Welche Art schriftlicher Äußerung ist für den Anfang geeignet? Mit Nacherzählungen, sagen viele, fange der Lehrer an! Die seien für Kinder am leichtesten zu bewältigen. Diese Vermutung nannte schon vor einem Menschenalter Otto von Greyerz (S. 367) »grundfalsch«. Das ist ein am Schreibtisch ausgedachter Glaube, den ich nur deshalb viele Jahre lang mir zu eigen machte, weil ich Angst hatte, die Dämme anzustechen, mit denen nach alter Gewohnheit die Schule das Leben kanalisiert.
Erste Stufe: Nachplappern von Vorgelesenem.
Das sieht (in einem ›Grundschul-Abitur‹ von 1979) so aus:

> *Probearbeit am 8. Dezember 1978, 4. Jahrgangsstufe*
> *Deutsch – Aufsatz (Schriftliche Sprachgestaltung)*
> *Arbeitszeit: 90 Minuten*
> *Nacherzählung (Vom Lehrer zweimal vorzulesen)*
>
> Der Fuchs und der Ziegenbock
>
> Ein Fuchs fiel in einen tiefen Brunnen und konnte sich nicht befreien. Da kam ein durstiger Ziegenbock zum Brunnen. Als er den Fuchs sah, fragte er ihn: »Ist das Wasser gut?« Der Fuchs verschwieg, daß er in die Tiefe gestürzt war. Er antwortete listig: »Das Wasser ist klar und ausgezeichnet. Komm nur herunter und versuche es!«
>
> Das tat der Bock. Als er seinen Durst gelöscht hatte, fragte er besorgt den Fuchs, wie sie nun beide wieder aus dem Brunnen gelangen könnten . . ..

Und so weiter. Auch ohne die Überschrift weiß ich, daß dieses Stück von Schulmeistern zum Zwecke der ›Nacherzählung‹ ausgesucht und bearbeitet wurde. Diese saftlos-sterilen Elaborate klingen seit Generationen ähnlich. Die anschließende »Handreichung zur Aufsatzbenotung (nicht unbedingt verbindlich!)« brauche ich gar nicht zu lesen:

1. Der Sinn wurde erfaßt: 2 P
2. Die Geschichte folgerichtig erzählt 2 P
3. Die Zeitstufe eingehalten (abgesehen von Abweichungen aus logischen oder stilistischen Gründen) 2 P

Und so weiter, und so weiter. Diese Schulmeister! Erst betonieren sie die Bachbetten, dann entkeimen sie das Wasser, dann lassen sie es, hübsch dosiert, nach ihren erdachten Normen rinnen, und am Schluß betrachten sie mit Verwaltungsblick das träge Rinnsal, um es nach Punkten zu bewerten: Sie haben das Schreiben verbeamtet. *Zweite Stufe:* Der Lehrer lasse den Schluß der Nacherzählung weg, auf daß die Kleinen allmählich ans Aufschreiben von Eigenem gewöhnt werden. So stellen sich Schreibtischlehrer das schriftsprachliche Gestaltungsvermögen von Grundschülern vor!
Paul Reiff, »Lehrer und Hausvater an der Rettungsanstalt Paulinenpflege in Winnenden«, schrieb zu Beginn unseres Jahrhunderts: »Unser Aufsatzunterricht krankt vor allem daran, daß er den Schüler nur zu reproduktiver Arbeit veranlaßt, statt zu produktiver« (S. 4).

Paul Georg Münch 1926 über Nacherzählungen

»Mögen pädagogische Registratoren 37 Sorten Aufsätze erschnüffelt haben, es gibt tatsächlich nur einen, es gibt den schöpferischen Aufsatz! Die übrigen 36 Sorten sind Spracharbeiten, Abschreibsel oder Nachschreibsel, graphische Übung irgendwelcher Art, aber kein Aufsatz.
Die Nacherzählung einer Fabel ist eine ganz nützliche Gedächtnisübung. Diese Niederschriften aber Aufsatz zu nennen, ist ein Stundenplan-Irrtum. Solch unschöpferisches Beginnen ist Angelegenheit der Schönschreib- oder Diktatstunden. Es gibt auch Tiere, Papageien benamset, die recht gut nachsagen lernen. Es gibt auch Grammophone.
Der vorgekäute Aufsatz ist freilich für die Kinder sehr bequem. Sie schonen ihren Geist und brauchen die Sache nicht vor dem skeptischen, zweifelsfrohen Geist der Klassenbrüder zu vertreten.« (S. 13).

Was Reiff über die Mißgeburt ›gebundener Aufsatz‹ schreibt, ist heute noch aktuell: »Wo bleibt da die freie Bewegung des Einzelnen, wenn man ihm jeden Schritt vorschreibt, wo bleibt die Selbst-

tätigkeit des Schülers, wenn er sich mit Sätzen herumschlagen muß, die im Kopfe des Lehrers . . . entstanden« (S. 3)?
Aktuell ist das, weil es Wort für Wort unsere sogenannten Nacherzählungen trifft: Erzählen können die Kleinen noch nicht. Man muß ihnen etwas vorerzählen, und sie erzählen es nach . . . Die ›gebundenen Aufsätze‹ unserer Zeit heißen Nacherzählungen.

Die beste Zeit

Welche andere Art schriftlicher Darstellung sollte denn für den Anfang geeignet sein?
Ich halte diese Frage für falsch gestellt. Erst nämlich müssen wir wissen, wann die beste *Zeit* für den Anfang ist. Danach sollten wir über die Form reden. Vielleicht werden wir dann feststellen, daß sich die zweite Frage gar nicht stellt, weil die Kinder die Entscheidung bereits getroffen haben.
Also: Wann sollen wir mit dem Geschichtenschreiben anfangen?
Die Antwort ist unter Lehrern seit jeher umstritten. Aufsätze herkömmlicher Art kann man mit Grundschülern sicherlich nicht vor dem vierten Schuljahr veranstalten, und selbst dann bleiben sie eine Zumutung. Hier stimme ich Sönke Zander (S. 31) uneingeschränkt zu. Aber das gilt eben nur für das in üblicher Weise Aufgesetzte.
Die Wurzel des Wortes ›Aufsatz‹, das mittelhochdeutsche ufsaz, bedeutete ›Auflegen von Steuern‹, meinte Verordnung, Plan. Und ähnlich gewichtig aufgesetzt wie eine behördliche Verordnung ist das schriftlich Entworfene der alten Schule: von oben verordnet, nach bestimmten Regeln aufgesetzt und pingelig-gewichtig beurteilt, vom Mief freudloser Pflichterfüllung umdünstet. Diese aufgesetzten Schriftstücke, dieser Zwang, Erlebnisse aufzuschreiben, die innerlich gar nicht erlebt wurden, sind für Kinder ebenso widernatürlich wie Spitzentanz. Die meisten können dazu nur gezwungen oder überredet werden. Spaß hat es ihnen nie gemacht.
Verzichten wir also auf dieses Wort aus der Behördensprache. Dann lautet die Frage: Wann kann der Lehrer beginnen, die Kinder Eigenes aufschreiben zu lassen?
In ›kindzentriertem‹ Unterricht lautet die Frage noch etwas anders: Wann fangen die *Kinder* an, Eigenes aufzuschreiben?
Die Antwort ist einfach: Sobald sie schreiben können. Nie drängt es sie mehr zu schreiben als in der Zeit, da sie diese Kunst gerade erlernt haben. Zu sagen: »Dazu seid ihr noch zu klein!« ist grober

Unfug. Wer nicht zu klein ist, das Schreiben zu lernen, ist auch nicht zu klein, es anzuwenden. Wozu lernt denn ein Kind das Schreiben, wenn es das Gelernte nicht anwenden darf? Ein Gutteil der Aufsatzunlust späterer Jahre rührt daher, daß wir uns einbildeten, sogar das reglementieren zu sollen; daß wir im fruchtbarsten Moment der Schreibentwicklung Kindern plausibel machten: Die Schule hat euch Schreiben beigebracht, aber nun bestimmt sie auch, wie ihr dieses Vermögen anwenden dürft.

Nötig ist irgendwann nur ein zündender Funke. Den plane ich nicht. Ich warte ihn ab. In jeder Klasse gibt es einen anderen, zu anderer Zeit und von anderer Art.

Vor Jahren war es Andreas, der irgendwann im zweiten Schuljahr während einer einzigen Stunde dreimal vom Stuhl fiel. Beim drittenmal brach Begeisterung aus, als Andreas sich mit tapsigen Bewegungen aufrappelte und zornig vor sich hin brabbelte. Weil ich kurz zuvor bei einer ungeschickten Bewegung einen Bücherstapel vom Tisch gerissen und damit bereits Vergnügen ausgelöst hatte, und Trixi wenig später meine Thermosflasche vom Pult gefegt hatte, fiel mir in diesem Augenblick ein, es müsse lohnen, diese Alltagsgeschichten für Kinder aufzuschreiben und so die Erlebensfreude in Lesefreude umzuwandeln. Nur an *Lese*stoff dachte ich, der besser geeignet sei als die Lesebuch-Langeweile.

So entstand das erste ›selbstgemachte Lesebuch‹. Andreas sorgte dafür, daß mehr daraus wurde. Er schrieb nämlich sein Stuhl-Abenteuer selber auf.

Diese Gelegenheit mußte ich natürlich nutzen. Ich erinnere mich, meine Begeisterung über diese erste Geschichte übertrieben dargestellt zu haben. In seinem Abschiedsbrief nach der Grundschulzeit schrieb Andreas später: »Weißt Du noch: als ich meinen ersten Aufsatz vorlas! Da bist Du beinah vom Stuhl gekippt vor Lachen! Das waren Zeiten!« So nachhaltig hat ihn meine übertriebene Zustimmung beeindruckt. Aber auch andere Kinder fühlten sich angespornt und wollten ›Geschichten zum Lachen‹ fabrizieren. Der Rest kam von selbst.

Kein fachgerechter Anfang? Im Gegenteil: *Nur* solche Anfänge sind fachgerecht. Die bei uns verbreiteten mögen irgendwelchen ausgedachten Theorien entsprechen; fachgerecht sind sie deshalb noch lange nicht. Jeder Einstieg ins Geschichtenschreiben ist fachgerecht, der kindgerecht ist. Kindgerecht aber ist jeder Einsteig, der Kinder schreiben läßt, was sie wollen, wann sie wollen, wie sie wollen. Kurz: Jeder Einstieg ist kindgerecht, der Kindern Freude macht.

Das sei zu einfach? Wir werden sehen.

Schreiben wird populär

Letztes Jahr ergab sich in den beiden ersten Klassen unserer Schule ein anderer Einstieg, der an Fritz Gansberg erinnert. Die Kinder hatten oft und gern Wörter und Sätzchen mit Magnetbuchstaben auf Metallplatten gelegt. Es handelt sich um ein Arbeitsmittel, das wir eigens für uns in einer Druckerei haben herstellen lassen. Die Kosten bestritt ein Schulverein e.V. gegen Spendenquittung fürs Finanzamt. Als Falko lesen und schreiben konnte, legte er eines Tages in einer Freiarbeitsstunde diesen Text:

> **Falko:** *die geschichte fon dem Schlumf*
> Er krch Durch ein Wasserhan und schos mit Druk raus ins waschbeken

Ereignisse dieser Art gibt es in jeder nicht gegängelten Klasse. Ob sie Episode bleiben und nutzlos verstreichen – oder ob sie die Quelle eines Stroms werden, liegt beim Lehrer.

Fritz Gansberg schrieb 1914, der Lehrer sollte, sobald die Kinder schreiben können, »in irgendeiner Weise die Gedanken in der kleinen Gesellschaft in Bewegung« bringen (S. 280) und jedes Kind mit einem Wort aufschreiben lassen, »woran es jetzt in diesem Augenblick denkt«. Dann solle er sich »ein paar Tafeln vornehmen und die dargestellten Inhalte zum besten geben. Weil aber die ganze Seele der Kinder in diese wenigen Buchstaben überfloß, so wird er doch jedes Wort noch ein wenig erweitern, er wird ein paar verwandte Vorstellungen einfließen lassen, er wird die Vokabel, so wie sie gemeint war, rasch zu einem Sprachstückchen ausgestalten und ein paar Fragen und Hinweise daran knüpfen, die diese Niederschriften für die Zukunft noch bedeutungsvoller machen. Dann kann das Schreiben sehr bald in der Klasse populär . . . werden« (a. a. O.).

Das ist es: Der Lehrer macht Schreiben populär. Es fängt ohne sein Zutun an. Seine Aufgabe ist nur, die Gelegenheit zu nutzen und das Schreiben populär zu machen. Hier, nicht in einem Curriculum ›Schreibanfang‹, erweist sich die Klasse eines Lehrers. Schreiben wird wachsend beliebte Kunst, wenn der Lehrer das erste Aufgesetzte gekonnt ernst nimmt.

Im Falle unserer Anfänger nutzte die Kollegin ihre Chance. Hier war nicht nur ein Wort, das ausschmückend vorgelesen werden konnte, sondern eine ganze Geschichte! Die nutzte sie als Quelle, aus der heute, in Klasse 2, schon ein kräftiger Bach geworden ist.

Sie ließ Falko seine Schlumpf-Geschichte vorlesen, zeigte sie in der Klasse herum (»guck mal, da steht das geschrieben, was der Falko gesprochen hat!«), lobte und bewunderte. Dann stachelten Lehrer und Schüler einander ihre Phantasie an: Sie schmückten die Geschichte aus. ›Falko der Geschichtenschreiber‹ stand im Mittelpunkt. Aber an dem Falko ist doch eigentlich nichts Besonderes, wußten die Kinder. Bisher konnten wir, was er konnte, auch. Wenn Falko Geschichten schreiben kann, können wir das auch.
Der Rest kam auch hier von selbst. Neun Kinder schrieben eine Geschichte. Manche Wörter waren nicht zu entziffern; aber was machte das: Die Kinder konnten ja *sagen*, was sie gemeint hatten. Nicht alle Erstkläßler waren schon so weit. Aber ihr Lese- und Schreibunterricht hatte schlagartig ein konkretes Ziel bekommen, das sie nun mit neuem Eifer verfolgten: Ich will auch Geschichten schreiben!
An eine Möglichkeit, wie sie Fritz Gansberg vorschlug: ein einzelnes Wort aufschreiben zu lassen und das zu einer ›Geschichte‹ aufzuputzen, dachten wir damals leider nicht.

Das selbstgemachte Lesebuch

Nach Ostern wurde auf dem Schulkopierer das erste ›Buch‹ gedruckt: 20 Seiten, mit der Heftmaschine geheftet. Das Verfahren war denkbar einfach: die Lehrerin brachte die Magnetbuchstaben-Texte in die übliche Rechtschreibung, erklärte das den Kindern, ging dann mit ihnen ins Lehrerzimmer, legte hier die Metallplatten samt den auf ihnen haftenden Geschichten auf den Kopierer und kopierte für jedes Kind ein Blatt.
Die Kleinen drängelten sich um sie und verfolgten schreiend und mit großen Augen den Druck ihrer Werke: jedesmal, wenn die Maschine klickt, druckt sie ein Blatt, auf dem meine Geschichte steht! (Ich kann nicht nachempfinden, was diese Kinder dabei empfanden, denn als ich im ersten Schuljahr war, hatten wir ein Buch, in dem von unbekannten Kindern die Rede war, die in einer asthmatischen Stammel-Syntax Dinge redeten, die an niemanden gerichtet waren. Aber ich ahne, daß das Drucken von Geschichten für die Erstkläßler ein ungeheuer eindrucksvoller Vorgang war.)
Zwei Stunden später hatte jedes Kind ein klasseneigenes Lesebuch: »Unser Lesebuch – 1 a«.
Lesen und Schreiben waren eine kommunikative Einheit gewor-

den, nicht vorgestellt und verlangt von der Lehrerin, sondern erwachsen aus dem dringenden Bedürfnis der Kinder, fortgetrieben von dem Drang, sich und anderen mit Hilfe der kürzlich erlernten Zeichen zu erzählen, von den Freunden gelesen zu werden, selbst die Geschichten der Freunde zu lesen. Lesen und Schreiben wurden populär.

Tiergeschichten

Angela schrieb:

> Unsere Kaze wollte keine meuse freßen sie war noch zu klein um Meuse zufangen

Angelas Vater, Arbeiter beim städtischen Garten- und Forstamt, konnte sich vor Staunen ob der Autorschaft seiner Sechsjährigen kaum fassen.
Henrike steuerte eine Pferde-Geschichte bei, die Anlaß für allerlei Gespräche gab. Sie lautet in bereinigter Rechtschreibung:

> *Zwei Pferde werden wild*
>
> **Henrike:**
> Einmal war ich reiten, und da waren doch tatsächlich zwei Pferde wild. Sie wälzten sich auf dem Rücken. Dann sprangen sie auf und rasten durch die Reithalle.

Boa! Henrike hat eine Geschichte geschrieben, die ist drei Seiten lang! (Die Magnet-Buchstaben sind sehr groß!) Aber bei der Henrike wundert das nicht; die konnte ja schon lesen, als sie in die Schule kam. Etwas anderes ist das mit Nadja. Die konnte bloß ihren Namen schreiben. Und jetzt kann sie schon eine Tiergeschichte schreiben:

> Unser Meerschwein war ganz lieb. Es hat gerne Möhren und Salat gefressen. Dann ist es krank geworden und gestorben. Da waren wir alle traurig.

Zwei Tage hat sie für diese Drei-Seiten-Produktion gebraucht. Die

Glückserlebnisse, die sie nun erfüllen, können ihre Lehrer nicht ermessen. Aber welche Bedeutung sie für Nadjas späteren Umgang mit Geschriebenem haben, das meine ich zu ahnen.
Überhaupt sind Tiergeschichten überaus beliebt. Für ›toll‹ hält Klasse 1a Karolas Geschichte. Die hat sogar eine Überschrift, wie ein Buch, und es dauert »richtig lange«, sie zu lesen:

Die Geschichte vom Dackel

Karola:
Es war einmal ein Dackel, der hat mich ins Handgelenk gebissen. Da habe ich geweint, und die Frau von dem Hund kam und ist mit mir und meiner Mutter zum Doktor gefahren.

Georg schrieb auf, was alle auf dem Schulhof gesehen hatten, als der Kleintier-Zoo zu Besuch war:

Schau, wie der Affe tanzt! Ein Bein nach links, ein Bein nach rechts, und schüttelt dabei den Kopf.

Wann die Kinder anfangen sollen, Aufsätze zu schreiben? Sobald sie schreiben *wollen.* Hier wollten sie. Später hätte ihre Lehrerin gewollt. Nicht das ist ›kindzentrierter‹ Unterricht, den Kindern Themen zu verordnen, von denen der Lehrer annimmt, sie entsprächen ihren ›Interessen und Bedürfnissen‹. Sondern dies ist er: wenn sie ihren Interessen und Bedürfnissen entsprechend schreiben, was sie wollen, wann sie wollen, wie sie wollen.

Korrespondenz Lehrer – Kinder

Vor fast vier Jahren, in meinem letzten Schuljahrgang, dessen Lehrer ich heute in der Abschlußklasse immer noch bin, ergab sich durch Zufall ein anderer Einstieg. Ihn halte ich für so gut, daß ich ihn beim nächstenmal wieder nutzen werde, wenn sich auch nur die kleinste Gelegenheit bietet. Nicole, Erstkläßlerin, mißbrauchte in der Adventszeit nach einer Einzel- und Partnerarbeit mit Magnetbuchstaben ihre frisch erworbenen Kenntnisse, indem sie mir feixend diesen Text vorhielt:

Daine Frau ist doof.

Ich kündigte schriftliche Beschwerde meiner Frau an. Dieser Zufalls-Brief wuchs sich – zunächst ungewollt – zu einer heftigen Dauer-Korrespondenz zwischen Schülern und Lehrer aus, die selbst heute noch nicht gänzlich beendet ist.
Für den Rest des ersten Schuljahres begannen viele Tage mit dem Verteilen von »richtig« kouvertierten und adressierten Lehrerantworten und dem Einsammeln neuer Schülerbriefe. Die Bedeutung dieser Korrespondenz (abgesehen von der für den technischen Vorgang des Lesenlernens) liegt auf der Hand:

- Die Kinder erfahren von Anfang an: Umgang mit Schrift macht Spaß (Schule macht Spaß)! Hier wird das Fundament begründet, das ein Leben lang tragfähig bleiben muß.
- Niemand schreibt, weil der Lehrer das verlangt. Alles Schreiben ist freiwillig, wird also nicht zur »Schul- und Lernsache herabgewürdigt« (Sigismund Rauh).
- Die Kinder lesen und schreiben, weil es ihr Interesse und ihr Bedürfnis erfordern. Lesen und Schreiben wird für sie viel wichtiger, als es Fibeltexte oder diese unsagbaren Lesebuchstükke jemals sein können.
- Weil jedes Kind auf jede schriftliche Äußerung eine Antwort des Lehrers erhält, fühlt es sich beachtet, obwohl es sich in seiner großen Klasse während des Unterrichts oft unbeachtet fühlt.

Der Sog der Sache ist so stark, daß sich in den ersten Wochen alle beteiligen, manche einmal, manche fünfmal in der Woche. Nur Doris, die sich nichts zutraut, braucht einen kleinen »Schubs«: Es braucht zwei Briefe von mir, ehe sie ihren ersten schreibt.
Sie malen Bilder und beschriften die, laden den Lehrer zu Geburtstagen ein, beteuern, während ihrer Krankheit »ein bischen Rchnen Gemach« zu haben, versichern dem Lehrer ihrer Liebe, klagen, sie kämen im Unterricht nicht genug zu Wort, äußern Vorfreude auf allerlei Feste, wollen wissen, wie der Lehrer seine Ferien verbringt (verbracht hat, zu verbringen gedenkt) und verbreiten sich über das Wetter. Petra bestreitet einen ganzen Brief so:

Lieber Senni!
Wie get es dir mir get es gut.
Ich wollte auch noch mal einen Brif haben.
Einen schönen langen.
Also mus ich dir einen langen Brif schreiben. Aber mit der Hant
ich kann chetst nicht mer ich mus fröstöken.
Deine Petra.

Dieser Brief ist geschickt so auf einem Blatt angeordnet, daß man es mit einigem Wohlwollen als »voll« ansehen kann. Das heißt für Petra: Es ist ein langer Brief. Und aus dieser Tatsache wiederum folgert: Sie hat ein Recht auf einen langen Antwortbrief.
Die persönliche Zuwendung, die sich in einem Brief des Lehrers ausdrückt, ist wichtiger als das Schreiben eigener Briefe – jedenfalls bei Petra.

Ebbe und Flut

Wenn der Reiz des Neuen verblaßt ist, der Stolz auf die neue Fertigkeit nicht mehr eruptionsartig sich Bahn bricht, geht die Briefflut zurück. Aber ich habe während dieser Zeit der Ebbe wöchentlich noch so viele Briefe zu beantworten wie zuvor täglich. (Übrigens: Jeder Brief ist mit dickem Filzschreiber in großen Lettern auf ein A 4-Blatt geschrieben und besteht aus wenigen kurzen, schnell hingeworfenen Sätzen. Mühe macht das nicht. Aber Spaß!)
Ich tue nichts, um den natürlichen Rhythmus zu beeinflussen. Die Kinder sollen schreiben, wenn sie Lust zu schreiben haben. Von Anfang an will ich alles tun, das Schreiben auch vom leisesten Beigeschmack des Zwangs und des trickreichen Verführens freizuhalten. Ich will, wenn es nicht – wie im Rechtschreibunterricht – unbedingt erforderlich ist, nichts mit »sekundärer« und »extrinsischer« Motivation zu schaffen haben. Ich vertraue darauf, daß eine neue Flut kommen wird, so gewiß, wie demnächst wieder Gummitwist und Hinkelkästchen und Seilchenspringen flutartig in Mode kommen werden.
Dieses Vertrauen ist gerechtfertigt. Wochenlang tut sich wenig. Hin und wieder ein paar Briefe, sonst nichts. Plötzlich, ich weiß nicht warum, schwillt die Post wieder an. Den alten Umfang erreicht sie allerdings nicht mehr. Ein paar Wochen später folgt wieder Ebbe.
Zu Beginn des zweiten Schuljahres ändert sich das. In unserer Klasse treibt eine Kasperfigur, KIKIFAX genannt, ihr Unwesen. KIKIFAX ist für Unfug aller Art zuständig. Eines Tages bringt Iris eine selbstverfaßte Geschichte über KIKIFAX mit. Ich gratuliere ihr, lese die Geschiche vor und hänge sie an der Pinnwand auf. Eine neue Flut bricht über mich herein, vornehmlich Briefe, hier und da

aber auch ausgedachte Geschichten. Christiane schreibt vom Krankenbett:

> »Ich habe beide Hausaufgaben gemacht. Ich Finde es garnicht schön, wenn die Großen auf dem Schulhof imer SCHubsen. Was häeltzt du davon? Bin ich im RechNen besser geworden? BiTTe Gebe mir so schnell wie möglich antwort!«

Christian meldet Erfolg aus der Badeanstalt. Der hat ihn so überwältigt, daß eine mündliche Mitteilung viel zu profan wäre. »Mini« nimmt die Mühsal einer schriftlichen Nachricht auf sich:

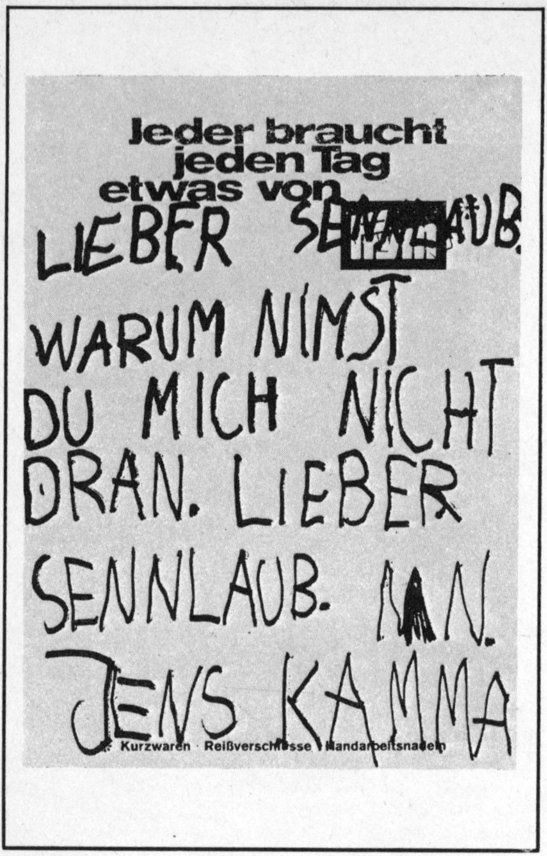

»Gestern bin ich vom 3 Meter Brett gesprungen.«

Die Sitzordnung ist ein Dauerbrenner in den Briefen. Alex verlangt, endlich von Petra wegzukommen und erklärt, das sei nun schon der zwölfte Brief in dieser Angelegenheit, »und immer schreiben Sie so drumrum.« Endlich lasse ich wieder einmal Wünsche zur Sitzordnung äußern (neuerlicher Schreibanlaß!), und in deren Gefolge kriegen viele einen neuen Platz. Aber nun ist's auch wieder nicht recht. Schreibt Katrin:

»Wieso darf ich mit Simone nicht zusammensitzen. Iris und Corinna haben sich als erstes aufgeschriben, Simone und ich wir

LIEBER SENNI!
DEIN BRIEF IST SCHÖN.
ICH KANN DOCH VIEL
SCHREIBEN! ICH FREUE
MICH SCHON AUF DEN
NIKOLAUS UND AUF
WEINACHTN. ICH WÜNSCHE
MIR EIN NEUES FARAT
UND EINEN SCHLITEN.
VIELE GRÜSSE VON
AEIRIS

haben uns auch als erstes aufgeschriben. Und Corinna und Iris dürfen zusammensitzen aber Simone und ich nicht. Ich sitze aber auch gerne neben Anja, aber Simone und ich wir haben uns als erstes aufgeschriben und dürfen nicht zusammensitzen.«

Auch Nicole beginnt zu lernen, Schreiben als Mittel der Vertretung eigener Interessen zu nutzen. Besagter KIKIFAX wird mittags jeweils von einem Kind mit nach Hause genommen. Nicole:

»ich habe eine Beschwerde, ich habe nur einmal den KIKIFAX bekommen und das war im ersten schuljahr. Bitte geb mir in noch einmal nach hause.«

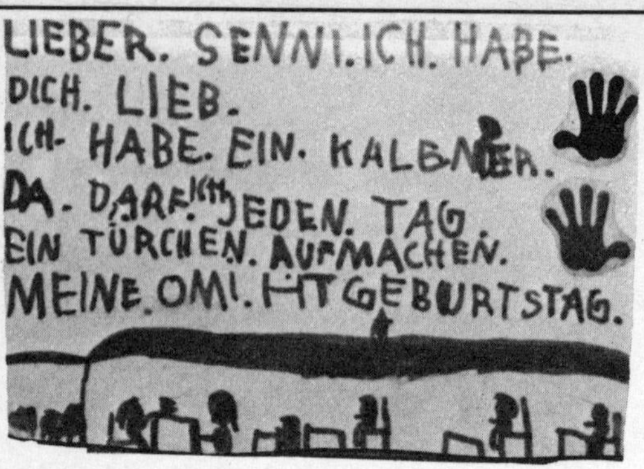

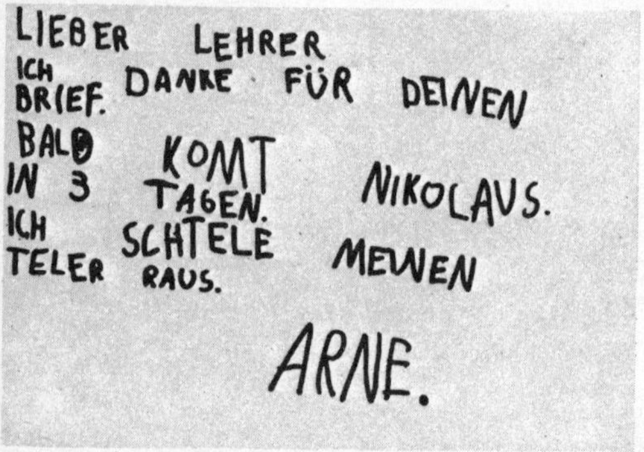

Babette, genannt Pumi, versucht es so:

> »ich hab schon 21 Briefe und wen ich noch einen Brif bekomen würde were ich ser fro. Auserdem mag ich Schule sehr gerne. Ich wiel garnicht weck vo hier und wenn ich weck bien bien ich traurich.«

Kerstin schreibt:

> »Ich war in ein Flugzeug und war ganz hoch geflogen. Ich habe Lose gekauft aber kein Hauptgewinn bekommen.«

Welche Erlebnisse stecken wohl hinter diesen Zeilen? Kerstin, das mußt du erzählen!
Viele Kinder erklären wortreich, warum sie keine Zeit haben, Briefe zu schreiben. So Simone:

»Ich wolte dir schon immer einen Brief Schreiben aber ich hatte Keine Zeit, Nämlich am Montag Musik, am Dinstag Klavier, am Mittwoch Corinna bei uns am Donnerstag ich bei Corinna und am Freitag lade ich irgenteine Freundin ein. Und am Samstag mochte ich was mit meiner Mutter unternemen.«

Matthias, auf der Suche nach einer Möglichkeit, mit geringstem (Schreib-)Aufwand den größten (Lese-)Ertrag einzuheimsen, schreibt eine Karte und verschickt sie per Post. Beförderungsdauer wegen fehlerhafter Anschrift: 10 Tage. Wortlaut, komplett:

»Bitte antworte mir. Dein Matthias Kü.«

»Aufsatzerziehung« findet nicht statt. Und dennoch (falsch: darum!) wird unendlich viel mehr geleistet als bei dieser.
Die Flut geht zurück, eine neue Ebbe läßt mich aufatmen. Manchmal ist mir die Schreiberei schon lästig geworden.
Vor den Sommerferien fragt mich Marion nach meiner Anschrift. Sie will mir aus den Ferien schreiben. Ich gebe sie ihr. Am Tage darauf kündigt sich eine neue Briefflut an: Viele Kinder wünschen ebenfalls meine Privatadresse. Ich muß sie vervielfältigen.
Während der Ferien erweist sich, daß nicht jeder Adressenzettel Post nach sich zieht. Aber immerhin rund zwei Drittel der Kinder schreiben Briefe und Karten. (Im nächsten Jahr wird es während der Ferien nur noch ein knappes Drittel sein.) Zum erstenmal antworte ich mit einem vervielfältigten Brief. Ich habe einfach keine Lust, gegen Ferienende so viel Post zu erledigen. (Inzwischen komme ich auch mit knappen Sätzen des Filzschreibers nicht mehr aus, sondern spanne jedesmal ein Blatt in die Maschine und wähle den größtmöglichen Zeilenabstand.

Streitgeschichten

Zu Anfang des dritten Schuljahres, während einer Brief-Ebbe, gab es einen Streit, bei dem aus einer Nichtigkeit zwischen zwei Kindern ein Krieg zwischen zwei »Banden« wurde. Es gelang uns, als der Pulverdampf sich gehoben hatte, das ganze Durcheinander von Feindschaften, Versöhnungen, Überläufern hin und her, offener und heimlicher Parteinahme auf die letzte, läppische Ursache zurückzuverfolgen. Die spielten wir (»nicht zu glauben: so hat das alles angefangen!«), dachten uns andere Fortführungen als die tatsächliche aus, wechselten die Rollen, so daß einige plötzlich die Meinung ihrer »Todfeinde« zu vertreten hatten. Einige Kinder boten so überzeugende Leistungen mit so umwerfenden Einfällen, daß ich meinte: »Das ist eigentlich zu fein, als daß wir es vergessen wollen. Das mußt du aufschreiben« (Jensen/Lamszus, 1923, S. 102).

Solche Dialoge kann man oft schon in zweiten Klassen schreiben. Für das erste Schreiben sei die Dialogform besonders geeignet, hatte auch Paul Reiff erfahren: »Die ›Dichterischen Produktionen‹ enthalten auch einige Dialoge, welche die Kinder besonders gerne schreiben, die sie ja auch mit Vorliebe theatralisch spielen. Verläuft nicht jede Unterhaltung, die das Kind führt, in dialogischer Form? Warum sollte ihm dann der Dialog zu schwer sein« (S. 14)?

Paarweise hielten nun meine Kleinen ihre Streitgespräche fest. Natürlich nicht alle dasselbe. Das wäre ja langweilig gewesen (wie Aufsätze mit Einheitsthemen langweilig zu sein pflegen). Sondern jedes Paar schreibt seine eigene Streitgeschichte. Wer an mehreren Streitereien beteiligt war, darf selbstverständlich auch mehrere Streitgeschichten schreiben. Wer sich an keine Auseinandersetzung erinnert, wartet eben ein bißchen. Streit gibt es schließlich dauernd. Die meisten aber verfügen auf Anhieb über ganz frische Erlebnisse: Streit gab es erst in der letzten Pause, heute morgen, gestern abend – sogar in dieser Stunde . . .

Jens: »Wenn ich aber keine Lust hab'?« »Dann läßt du's eben bleiben.« Selbstverständlich wird niemand gezwungen. Freude gilt als oberstes Prinzip.

Einige Kinder sitzen nachmittags zusammen und bosseln ihre Streitgeschichten: »Und dann hast du gesagt: ›Doofe Kuh‹!« »Gar nicht wahr! Erst hast du meine Puppe auf die Erde geschmissen!« »Oa! Du lügst!« Streit gibt es schließlich dauernd. Alle »Geschichten« sind verfaßt wie Rollenbücher. So habe ich es ihnen gezeigt. So bieten sie die geringsten technischen Schwierigkeiten.

Am nächsten Tag werden diese Geschichten gelesen. Andere Kinder, die nichts aufschrieben, wollen mitlesen. Wir haben nicht genug »Rollenbücher«. Sven, unser Kopier-Meister, wird ins Lehrerzimmer geschickt, ein paar Geschichten zu kopieren. Dann geht's erst los! Fast zwei Stunden lang wird Streit gelesen und gespielt.

Oliver

Oliver: Guck mal, Micha, ich habe einen Kugelschreiber gefunden.
Micha: Zeig mal!
Oliver: Nein.
Micha: Doch!
Oliver: Na gut, aber gib ihn mir sofort wieder!
Micha: O, toll, den behalte ich!
Oliver: Nein, gib mir den sofort wieder!
Micha: Nur, wenn du ihn gegen das gelbe Auto tauschst.
Oliver: Ich bin doch nicht verrückt!

Meike

Meike: Sollen wir uns was kaufen?
Ulla: Au ja, gute Idee!
Meike: Komm!
Ulla: Ich hab aber kein Geld!
Meike: Ich aber.
Ulla: Na gut.
Meike: Sollen wir diese Bonbons nehmen?
Ulla: Ja.
(Eins fällt runter.)
Meike: Heb mir mal bitte auf.
Ulla: Nö, jetzt gehört es mir.
Meike: Das ist von meinem Geld gekauft! Gib jetzt her!
Ulla: Nö.
Meike: Doch, du doofe Ziege!
Ulla: Komm, wir vertragen uns wieder.
Meike: Dann behalt' das Bonbon.

Jutta

Jutta: Unser Wolfram ist lieb, und er kann schon laufen.
Christiane: Dafür sind wir sechs Kinder mehr, und wir haben ein Schwimmbad.
Jutta: Dafür war mein Vater Richter!
Christiane: Gib nicht so an!
Jutta: Gib du doch nicht so an!
Christiane: Nachplapper!
Jutta: Gar nicht!
Christiane: Du bist ganz doof und eine Sau!
Jutta: Du bist noch doofer und bekloppter!
Christiane: Selber!

Die Kleinen ereifern sich, identifizieren sich mit ihren Rollen. Schulleseton? Der ist hier undenkbar. Otto von Greyerz hat den überkommenen Schulaufsatz das »schriftliche Seitenstück zum Schulleseton« (S. 349) genannt. Hier erweist sich, daß auch die Umkehrung stimmt: Der natürlich-lebendige Leseton ist das Seitenstück zur frei verfaßten Geschichte. Bei jedem Lesen versuchen die Kinder, den Streit möglichst überzeugend nachzugestalten. Keinem würde im Traum einfallen zu leiern. Das Leben selbst ist in diesen Streitgeschichten festgehalten worden, und bei jedem Lesen versuchen sie, es aus den Zeichen neu zu erwecken.
Eine Woche lang stehen diese Geschichten im Mittelpunkt des Schulalltags. Unmerklich, ohne den geringsten Zwang, ohne Lehrers Überredungs-(»Motivierungs«-)Künste, selbstverständlich auch ohne Zensuren, sind wir ins »Aufsatzschreiben« hineingeglitten.
»Und der Stundenplan?« fragen manche Kollegen. Die Antwort steht in einem Erlaß des NRW-Kultusministers, in Kraft seit dem 1. August 1979: Der Lernerfolg wird bestimmt durch »flexible, auf die Bedürfnisse des Kindes abgestellte Organisation des Unterrichts« (RdErl. d. Kultusministers vom 20. 6. 1979).
Wenn mich also Kollegen fragen: »Wann fängst du mit dem Aufsatzschreiben an?« antworte ich: Die Kinder fangen an, nicht ich. Das ergibt sich im ersten Schuljahr, sobald sie schreiben können. Wann und wie – das hängt von der Gelegenheit ab.

Rechtschreibung oder Freude am Schreiben?

»Aber das Rechtschreiben!« wenden viele Kollegen entsetzt ein. »Man kann doch diese kleinen Kinder nicht einfach frei schreiben lassen!«
Warum nicht?
»Die können doch überhaupt noch nicht rechtschreiben. Die eben vorgestellten Briefe sind der beste Beweis!«
Na und? Sie sollen ja auch nicht Rechtschreiben üben, sondern Geschichten schreiben.
Aber die »Kinder prägen sich bei dieser Arbeitsweise keine festen Wortbilder ein, und es ist fast unmöglich, die entstehenden Rechtschreibmängel zu beheben« (Reumuth/Schorb, S. 248).
Antwort: Dieses Argument widerlegt sich selbst: Wenn sich keine festen Wortbilder einprägen, können sich ja auch die falschen

Wortbilder nicht einprägen. Man könnte also allenfalls folgern, das frühe freie Schreiben lasse das Rechtschreibvermögen *nicht wachsen.* Wenn das so sein sollte, nehme ich es gern in Kauf. (Überdies können wir heute nicht mehr so selbstverständlich glauben, beim Schreibvorgang prägten sich »Bilder« ein.)

Die alten Rechtschreibfachleute plädierten durchweg dafür, mit Aufsätzen erst so spät wie möglich zu beginnen (Kasten!). Von ihrem Standpunkt aus hatten sie zu ihrer Zeit recht. Denn ihnen war das rechte Schreiben wichtiger als die Freude am Schreiben. Aber wir können so nicht mehr reden. »Sprachleben wecken heißt im Kindesalter, der Natur ihr Recht lassen; Orthographie eindrillen aber heißt: die Natur, die sich kaum hervorgewagt hat, wieder zurückscheuchen; heißt diese Natur mit Stacheldrahtzäunen so umgeben, daß das Kind schließlich die Stacheldrahtzäune für die Hauptsache hält« (Otto von Greyerz, S. 272).

Kollegen mit einem besonders empfindlichen Sinn für Ordnung mögen argumentieren: »Das Betreten des Rasens ist verboten, solange desselben Schutz vor unbefugtem Betreten nicht durch Umzäunung gewährleistet wurde.« Aber was ist uns denn wichtiger: der Zaun oder die Wiese? Dennoch beginne auch ich mit dem *regelmäßigen* Geschichtenschreiben und dem Gespräch über Geschichten (also dem eigentlichen »Unterricht«) erst im dritten Schuljahr – wegen des Rechtschreibens.

Fritz Gansberg über die ersten Aufsätze

Sollten nicht, wie die Schule das freie Schreiben unterdrückt, auch die Eltern »alle Sprachversuche so lange unterdrücken, bis die Kinder zur, wie es im Amtsstil heißt, deutlichen und lautrichtigen Wiedergabe einzelner Wörter und Sätze befähigt sind? Ja, ja, so würde es in allen Kinderstuben zugehen, wenn unsere Seelenmechaniker und Bildungsschuster dort zu kommandieren hätten.

Statt dessen sehen wir ein beglücktes Studium dieser verworrenen, lallenden Sprachversuche an allen Kinderbetten; man lacht über all die kleinen verunglückten Wortbildungen und hat doch auch seine herzliche Freude daran, denn sie sind ja die schönsten Anzeichen des erwachenden Geistes . . . Diese Pädagogik der Kinderstube ist so folgerichtig und zweckmäßig, daß wir gar nichts besseres tun können, als sie voll und ganz auf den Schulunterricht und insonderheit auf den Schreibunterricht zu übertragen« (1914, S. 279).

Rechtschreiben im Aufsatzunterricht

Wilhelm August Lay, 1922:

»Daher kann etwa vom 4. Schuljahr an der Rechtschreibunterricht mit dem Aufsatzunterricht verbunden werden« (S. 223).

Ernst Lüttge, 1914:

»Infolgedessen sind diese primitiven Aufsatzübungen der orthographischen Sicherheit direkt hinderlich, denn sie verderben immer wieder, was der Rechtschreibunterricht soeben mit Mühe aufgebaut hatte . . .« (S. 66).

Friedrich Copei, 1936:

»Bemüht sich der Lehrer auf dieser Grundlage (Anmerkung S.: der Rechtschreibung nach Regelwissen und mit Hilfe des Lautierens) nun auch noch um die Pflege des freien schriftlichen Ausdrucks, so steuert er in eine Wirrnis der Rechtschreibung, die ihn entweder von freien Niederschriften abbringt oder ihn, was die Rechtschreibung angeht, resignieren läßt« (S. 271).

Gustav Schleich, 1908:

»Von Anfertigung deutscher Aufsätze kann keine Rede sein, bevor die Schüler nicht zu einer gewissen Fertigkeit im Rechtschreiben gelangt sind. Unser Lehrplan für die Bürgerschulen fordert zwar schon für die siebte Klasse deutsche Arbeiten . . .« (S. 168).

Paul Georg Münch, 1926:

»Zaghafte junge Kollegen mögen sich also zur zeitweiligen Verachtung der Form erziehen, auf daß nicht der Wille des Kindes zu frohem Schaffen Schaden leide! Die Niederschriften der Aufsätze wollen wir solange hinausschieben, bis das Kind nicht mehr auf Schritt und Tritt über technische Schwierigkeiten stolpert . . . Während der ersten drei Schuljahre wollen wir die Kinder uns diktieren lassen« (S. 77).

Heinrich Scharrelmann, 1909:

»Ich halte es für bedeutend erfolgreicher, die Fehler generell zu behandeln. Aus der großen Zahl der in einem Aufsatz gefundenen Fehler suche ich mir einen oder zwei besonders charakteristische heraus, und diese beiden werden dann in der nächsten Deutschstunde durch gemeinsame Arbeit der ganzen Klasse bekämpft« (S. 116).

Fritz Gansberg, 1914:

»Und wir wollen den alten pädagogischen Grundsatz entschieden abweisen, daß nur dann selbständig geschrieben werden dürfe, wenn die Formalien der Schrift, insonderheit die Orthographie, in der Hauptsache befestigt wären. Denn wann ist das der Fall? . . .
Wir könnten in der Tat den ganzen freien Aufsatz und die so unendlich wichtige Pflege des persönlichen Innenlebens nun einfach zu Grabe tragen, wenn wir diese auf die Spitze getriebene Pedanterie und Verherrlichung des unterrichtlichen Stumpfsinns noch weiter fortbestehen ließen« (S. 278).

Wenn die Kinder mir Briefe schreiben oder aus lauter Freude eigene Geschichten verfassen und stolz mir vorweisen, werde ich den Teufel tun, von ihrem (tatsächlich schröcklichen) Rechtschreiben zu reden. Ich kann aber nicht mehr schweigend darüber hinweggehen, wenn alle Kinder regelmäßig in besondere Hefte ihre Geschichten schreiben, ich meine Kommentare darunterschreibe und wir die Geschichten im Kreise anhören und diskutieren. Denn ich kann nicht mit den Kindern morgens Rechtschreiben trainieren und mittags, beim Geschichtenschreiben, für unwichtig erklären. Ich muß also die Rechtschreibung der »Aufsätze« korrigieren. Das aber ist, ehe die Kinder im rechten Schreiben »festen Boden unter die Füße« bekommen haben, für mich eine widerwärtige Arbeit. Schwerer noch wiegt: Es entmutigt die Kinder, wenn ihre Entwürfe allzu sehr durchackert werden. Deshalb beginne ich mit dem eigentlichen »Aufsatzschreiben« erst im dritten Schuljahr. (*Wie* ich korrigiere, stelle ich im nächsten Kapitel dar.) Ich halte es für meine Pflicht, die Kinder das rechte Schreiben zu lehren. Sie werden einmal an ihrer Rechtschreibung gemessen werden. Ich kann das für töricht halten. Aber ich darf nicht unter Hinweis auf das Törichte dieser grotesken Überbewertung einer pingeligen Kanzleischreiber-Kunst mit der Rechtschreibübung nachlassen.
Ich weiß, daß ich mit dieser Einstellung dazu beitrage, den Kreislauf des Unfugs in Gang zu halten. Aber die Alternative heißt, für Falko, Nadja und Annette bewußt eine Chancenminderung in Kauf zu nehmen. Deshalb sei es (zähneknirschend) wiederholt: Rechtschreiben muß in der Schule täglich geübt werden. (Warum ich »kindzentrierten« Rechtschreibunterricht für in der Regel nicht möglich halte und wie ich versuche, ihn wenigstens an Kindern zu »orientieren«, habe ich 1979 in einem Buch darzustellen versucht.) Tägliches systematisches Rechtschreibtraining halte also auch ich für nötig. Aber ich meine, es sei bezeichnend für den Grad unserer Verschulung, daß wir bereit sind, das selbständige Schreiben hintanzusetzen und den Drill dieser lächerlichen Duden-Konvention vorzuziehen. Wir unterdrücken in Kindern gewaltsam den Drang zu schreiben – weil sie es noch nicht ›richtig‹ können. (Mit derselben Logik könnte man auch das Laufenlernen von Kleinkindern unterdrücken.) Wir verwehren ihnen die beglückenden und prägenden Erlebnisse der Falko, Nadja, Andreas und Annette. Wir setzen konventionelle Spitzfindigkeit von Erwachsenen über elementare Bedürfnisse von Kindern. Es ist nicht zu begreifen.

Aber, wenden andere Kollegen ein, bei dieser Art des Aufsatzschreibens kann der Lehrer nicht den Fortgang vom Leichten zum Schwierigen steuern. Er muß auch in Kauf nehmen, daß manche Kinder sich übernehmen. Kurz: Dieser Anfang ist didaktisch nicht begründet.

Ich halte diese Bedenken für nicht stichhaltig. Eine der Standard-Fragen unter Lehrern unserer Zeit heißt: »Wie motiviere ich meine Schüler?« Die Antwort wird seit den Zeiten vor dem ersten Weltkrieg von einzelnen Pädagogen immer wieder gegeben, ist aber nie populär geworden: Kinder müssen – von wenigen Ausnahmen wie dem Rechtschreibtraining abgesehen – nicht motiviert *werden,* weil sie motiviert *sind.* Sie stecken voll von Fragen, bersten vor Neugier. Ihr Normalzustand ist: Das Bedürfnis nach Einsicht haben, sich wundern, staunen, von einem Problem gepackt sein.

Und die Schule, dieses unbegreifliche Monstrum, gewöhnt ihnen diese ihre natürliche »Motivation« ab. Besser: Sie treibt sie ihnen mit Gewalt aus – und ist sich doch keiner Schuld bewußt. Am Beispiel des Aufsatzschreibens gezeigt: Ihr dürft nicht schreiben, wenn ihr Schreiben gelernt habt und es euch drängt, diese neue Kunst anzuwenden. Erst wollen wir euch mal beibringen, halbwegs *richtig* zu schreiben. Wenn dieser Stacheldrahtzaun gezogen ist, so daß ihr nicht mehr gar so wüst umhertollen könnt, dürft ihr endlich schreiben. Aber nicht, was *ihr* wollt! *Wir* wissen besser, was gut für euch ist. Für das zweite Schuljahr, so haben wir uns das ausgedacht, steht »Übergang zur ersten Phase des eigentlichen AU« (Zander, S. 206) auf dem Programm. Im dritten Schuljahr heißt unsere Losung: »Die Schüler sollen feststellen, daß sie selbst in der Lage sind, sinnvolle Texte zu produzieren« (Zander, S. 207). Wir haben das genau ausgeklügelt, wann der beste Zeitpunkt ist, das festzustellen. Habt Vertrauen: Wir werden euch kunstgerecht, beginnend mit dem Leichten, allmählich zu Schwierigem führen. Das ist das Ideal unserer Richtlinien und Lehrpläne: Der Lehrer als didaktischer Wanderführer mit den Richtlinien als didaktischer Wanderkarte. (Das Bild stammt von Hans Messelken, leitendes Mitglied der NRW-Richtlinien-Kommission.)

Der Falko will aufschreiben, wie ein »Schlumf Durch ein Wasserhan krch und mit druk ins waschbeken schos?« Aber das kann er doch noch gar nicht! Wir werden den Falko ganz allmählich und mit aller unserer pädagogischen Kunst zum ersten Höhepunkt führen: zu Nacherzählungen, Bildergeschichten und so weiter.

(Die Geschichte vom »Schlumf« kommt erst später dran, unter der Rubrik »Phantasiegeschichten« – falls wir nicht wegen Minderwertigkeit überhaupt auf sie verzichten.) Wenn ihr Nacherzählungen und Bildgeschichten einigermaßen schreiben könnt: freut euch! Dann dürft ihr auch echte eigene Erlebnisse aufschreiben. Selbstverständlich sagen *wir* euch, über welche Erlebnisse ihr schreiben dürft: Wir geben euch ein »Thema«. In der Schule kann schließlich nicht jeder machen, was er will. Da muß man lernen, eigene Bedürfnisse, Spontaneität und schöpferische Kraft auch mal zurückzustellen zugunsten »curricularer Konsequenzen« (Zander, S. 200) aus unseren fachmännischen Nachdenkereien.

Zusammenfassung

Das bei uns übliche Verfahren, mit Nacherzählungen in Klasse 3 zu beginnen, ist ungeeignet. Zu dieser Zeit ist die »natürliche Gelegenheit« längst verstrichen. Überdies sind Nacherzählungen ein sicher wirkendes Mittel, schriftsprachliches Gestaltungsvermögen sich nicht entfalten zu lassen.
Die Kinder beginnen sich schriftlich zu äußern, wenn sie selbst das wollen. Dieser Zeitpunkt liegt regelmäßig mehr oder weniger nahe dem Zeitpunkt des Schreibenlernens.
Wer Kindern in dieser Zeit der natürlichen Schreibbegierde das Schreiben verwehrt, läßt den fruchtbarsten Augenblick nutzlos verstreichen und verwehrt Kindern die tief sich eindrückende Erfahrung: Schreiben macht Freude!
Jeder von den Kindern gewählte Anlaß ist geeignet. Eine Korrespondenz zwischen Lehrer und Schülern scheint besonders vorteilhaft zu sein.
Negative Folgen für das Rechtschreiben befürchte ich nicht. Wenn es überhaupt welche geben sollte, sind sie gering; sie können in Kauf genommen werden.

Kapitel 5: Aufschreiben

Der Lehrer schreibt Aufsätze

Bei den ersten Aufsätzen in Klasse 1 und 2 und oft auch noch bis weit in Klasse 3 hinein ist es für die Kinder eine Quälerei, aus korrigierten Entwürfen Reinschriften zu machen. Ich halte dieses Verfahren für ein unfehlbares Mittel, die von Rudolf Hildebrand im vorigen Jahrhundert beklagte »Unlust zu den deutschen Stunden« (S. 3) zu erzeugen.

Wenn man nicht Aufsätze aus den ersten Jahren der Grundschule verbannen will, gibt es nur einen Weg: Der Lehrer muß die ersten Geschichten der Kleinen aufschreiben. Hier wieder gibt es zwei Möglichkeiten:

- Paul Georg Münch schrieb die Geschichten nach dem Diktat der Kinder (1926, S. 24ff.).
- Walter Kempowski läßt Kinder schreiben, besorgt aber selbst die Reinschrift: »Diese ... meist kaum leserlichen Aufsätze werden in einen Briefkasten getan und von mir später abgetippt, damit ich den Kindern dieses lästige Noch-mal-Abschreiben erspare, denn das ja eben verhindert die Freude am Aufschreiben« (S. 5f.).

Ich verfahre wie Kempowski. Das bringt einen gewaltigen Vorteil: Man braucht die vom Lehrer getippten oder geschriebenen Blätter nur zu kopieren und hintereinanderzuheften – schon hat man ein klasseneigenes Lesebuch. Sprechen – Schreiben – Lesen sind unversehens zu einer natürlichen Einheit geworden. (Darüber werde ich in einem anderen Buch berichten.)

Einmal allerdings hatte ich einen Schüler, der Mitte des dritten Schuljahres noch keine einzige Geschichte geschrieben hatte. Ich hatte ihn nie gedrängt und drängte auch nicht. Wochenlang war es mir nicht einmal aufgefallen, daß einer der 35 nicht schrieb. Als ich es merkte, hielt ich es nicht für schlimm. Schließlich hatte ich versprochen, Geschichtenschreiben werde immer freiwillig bleiben.

Paul Georg Münch über den Beginn des Aufsatzunterrichts

»Das gesunde Kind hat also mit sechs Jahren alles, was es zum Aufsatz braucht: Mutterwitz, Fragen an die Dinge, Freude am Plaudern, Einfälle, köstlich frisch und naiv arbeitende Phantasie. Die Kinder würden also im ersten Schuljahr nicht nur drollige, sondern auch gedankenreiche, lebendige Aufsätzchen zustande bringen.
Wenn dem so ist, warum lassen wir sie dann bei diesen günstigen Voraussetzungen nicht gleich in der ersten Schulwoche Aufsätze schaffen? Weil die Kinder noch nicht schreiben können? Aber bitte schön: Gehört denn zum Gestalten eines Aufsatzes das Schreiben? Ist es von Belang, ob die Niederschrift höchst eigenhändig besorgt wird? Goethe diktierte seinem Schreiber, Gerhart Hauptmann und fast alle Schriftsteller von heute diktieren.
Solange das Kind noch nicht schreiben kann, muß es dem Lehrer die Aufsätze diktieren« (1926, S. 24f.).
»Der Lehrer hat seines Stenographenamtes zwei oder drei Jahre treulich gewaltet, die Jungen sind im Schreiben und Lesen und in der Orthographie inzwischen wacker vorangekommen. Nach dem langen Unterricht im Trockenschwimmen möchten die Jungen nun auch einmal ins Wasser oder besser: in die Tinte! Das Verlangen, sich selbständig zu machen, wächst. Die Jungen drängen, und nun ist der Festtag da: Heute dürft ihr euern Aufsatz selbst aufschreiben!« (S. 48)

Als aber das erste Halbjahr von Klasse 3 vorüber war, wurde ich unruhig, weil ich an die weiterführende Schule dachte. Ich wartete eine günstige Gelegenheit ab (wir wollten gerade wieder ein »Buch« mit der ganzen Klasse schreiben), sorgte dafür, daß ich mit dem Jungen einmal unauffällig allein war und bewog ihn, mir seine Geschichte zu diktieren.
Als wenige Tage später das fertige »Buch« vorlag, begann er plötzlich zu schreiben, wild drauflos, ohne Punkt und Komma in seiner schrecklichen Rechtschreibung. Mich bedrückt der Gedanke, was aus diesem Kind werden wird, denn er schreibt so hemmungslos noch heute. Zwar schreibt er begeistert, und bliebe er mein Schüler, würde ich mir keine Gedanken machen. So aber muß ich zweifeln, ob sein »sprachliches Selbstbewußtsein« (Kempowski) schon stark genug ist, ob das Fundament schon trägt.

Für die Zeit ab etwa Mitte des dritten Schuljahres habe ich das Verfahren der Niederschrift von älteren Kollegen übernommen: Aufsätze werden grundsätzlich nie ohne Entwurf sogleich ins Reinheft geschrieben. Dieses Verfahren nämlich zwänge dazu, »Reinhefte« mit roter Tinte zu durchackern, denn Rechtschreibfehler will ich nun mal nicht tolerieren.
Zuerst lasse ich einen Entwurf schreiben. Auf welches Papier geschrieben wird, ist mir gleichgültig. Von einer Versicherungsgesellschaft haben wir mehrere Kartons linierte Computerbögen ergattert. Einige Stapel dieser Bögen liegen in Schubladen jederzeit bereit, und auf denen schreiben die Kinder gern.

Lästige Korrektur

Wer seinen Entwurf geschrieben hat, legt ihn mir vor. Ich korrigiere nur das Rechtschreiben. Hierfür habe ich bunte Filzstifte. (Am liebsten nehme ich fröhliche Farben wie grün, orange, hellblau, und die wechsle ich öfter. Ich möchte auf alle Insignien schulmeisterlicher Autorität verzichten.)
Bei den weitaus meisten Fehlern im Entwurf gebe ich die richtige Schreibweise an. Ich füge ausgelassene Buchstaben ein, streiche überzählige durch, und manchmal streiche ich das ganze Wort durch und schreibe es neu darüber.
Gelegentlich, wenn ich meine, daß ein Kind einen bestimmten Fehler mit wenig Nachdenken selbst finden könne, streiche ich ein Wort nur durch. Der Eifer des Schreibens und die Konzentration auf den Inhalt bringen es mit sich, daß Jutta »schwehr« schreibt, obwohl sie dieses Dehnungs-h im Diktat nie schreiben würde. Wenn ich sie durch mein Durchstreichen zum Nachdenken aufgefordert habe, stutzt sie bei der Reinschrift: »Ach ja, natürlich!«
Die Hilfe des Wörterbuchs sollten wir nicht überschätzen. Für meine Schüler ist seit Klasse 2 selbstverständlich, stets das Wörterbuch zur Hand zu haben. Auch bei Diktaten liegt es immer auf den

Paul Georg Münch, 1909:

»Wir lesen die Aufsätze unserer Schüler wie Korrekturbogen. Wir sollen sie aber wie Manuskripte lesen« (S87).

Zum Korrigieren von Aufsätzen

Otto Anthes, 1906:

»Ich glaube, der Lehrer, der sich des immerhin plumpen Eingriffs vermittels der ... roten Striche enthält, wird viel mehr in der Lage sein, die kleine Seele und ihre Selbstdarstellung im Aufsatz segensreich zu beeinflussen ... Ich werde den Erfolg oder Mißerfolg meiner Bemühungen an seinen (des Kindes) kommenden Aufsätzen schon merken, ohne daß ich ihm sein Werk zerstört und ihm die Freude daran und vielleicht am eigenen Schaffen überhaupt genommen habe« (S. 240).

Paul Reiff, 1910:

»Erstens: Muß denn alles korrigiert sein? Zweitens: Was hat denn das bisher übliche peinliche und kleinliche Korrigieren gefruchtet? Unser ewiges Korrigieren und Nörgeln schüchtert bloß ein« (S. 21).

Heinrich Scharrelmann, 1910:

»Ich muß Aufsätze korrigieren. Und ich bin doch so wenig kriegerisch aufgelegt« (S. 35).

Fritz Gansberg, 1912:

»Wir müssen uns von der schulmeisterlichen Gewohnheit lossagen, bei unseren Schülern keinen falschen Ausdruck dulden zu wollen, denn damit treiben wir ihnen in kürzester Zeit nicht nur das Sprechen, sondern auch das Denken aus« (S. 546).

Walter Kempowski, 1974:

»Ein mit roter Tinte korrigierter Aufsatz ist ein Verbrechen- ... Welcher Kunsterzieher würde denn mit roter Tinte in dem Bild eines Kindes herummalen?« (S. 3).

Tischen. (Ich will ja nicht Fehler *anstreichen*, sondern *verhindern.*) Aber auch in einem gut trainierten vierten Schuljahr ist es einfach zuviel verlangt, Rechtschreibfehler durch Nachschlagen zu vermeiden. Zu oft müßte nachgeschlagen werden. Das dauerte zu lange, störte den Schreibfluß, hemmte die Gedanken: minderte die Schreibfreude. So kann ich zwar immer wieder Kinder beim Nachschlagen beobachten (und ich freue mich auch darüber), aber ich hielte es für einen Fehler, wenn ich fortwährendes Nachschlagen von allen erwarten würde. Lieber korrigiere ich ein paar Dutzend Fehler mehr.

Mein Verfahren ist sicherlich anfechtbar. Aber irgendwie muß ich versuchen, zwei Absichten miteinander zu verbinden: Matthias soll beim Schreiben seiner Geschichten frei von der Angst vor Rechtschreibfehlern sein. Er soll aber die Rechtschreibung, solange alle Welt die für so wichtig nimmt, auch nicht für nebensächlich erachten. Das ist unser Problem beim Geschichtenschreiben mit Kindern: Die weniger beliebte Rechtschreibarbeit darf nicht die Freude am Geschichtenschreiben beeinträchtigen, aber Rechtschreiben darf dennoch nicht für unwichtig gelten.

Die Korrektur der Entwürfe ist mir ausgesprochen lästig. Erstens habe ich auf Fehlerpirsch keine Lustgefühle, zweitens gerate ich dabei oft in Streß. Zwar schreiben wegen der besonderen Organisation unseres Schreibens nie alle Kinder gleichzeitig. Aber schon, wenn es nur zehn von ihnen tun, kann ich nicht verhindern, daß sich vor meinem Platz plötzlich eine Schlange bildet. Und die Kinder in dieser Schlange stehen nicht friedfertig hintereinander, denn schließlich hat sich Bewegungsdrang aufgestaut, der sich nun in mehr oder weniger aufregender Weise löst.

Zwischendurch kommen Kinder und fragen um allerlei Rat, Thomas kommt und klagt, die Gruppe im leeren Klassenraum nebenan werde von Bernd dauernd gestört ...

Gelegentlich korrigiere ich deshalb in fliegender Hast. Das ist schon schlimm genug. Wenn dann aber auch noch Andreas mir zwei vollgeschriebene Computerbögen vorlegt, auf denen er ohne Satzzeichen in seiner privaten Rechtschreibung seine Gedanken und Erinnerungen so schnell festzuhalten versucht hat, wie sie auf ihn einstürzten, und er das – gegen unsere Vereinbarung – im Ein-Zeilen-Abstand getan hat, so daß ich keinen Platz für Korrekturen habe, dann überkommen mich Gefühle des Widerwillens, werde ich reizbar und nervös.

Diese erste Korrektur ist der einzige Teil meines Aufsatzunterrichts, der mir keinen Spaß macht.

Ein entsetzlicher Gedanke

Auf mein Korrigieren folgt die Reinschrift der Kinder. Kaum eines kann jemals Entwurf und Reinschrift an nur einem Tage schreiben. Meist reicht die Zeit nicht. Dann verwahrt es die unvollendeten Arbeiten in zwei eigens für diesen Zweck reservierten Schubladen. Wenn es zur nächsten Schreibzeit Lust hat weiterzuarbeiten, holt es seine Entwürfe wieder hervor und schreibt weiter.
Ich ermuntere die Kinder, bei solchen Gelegenheiten ihre Entwürfe noch einmal zu überarbeiten, weil manches anders aussieht und anders klingt, wenn man darüber geschlafen hat. Bisher habe ich

Zwei Meinungen zur Aufsatz-Korrektur

Fritz Gansberg, 1914:

Freie Aufsätze erfordern eine freie Korrektur. Kindliche Lebendigkeit und äußerliche Korrektheit – das sind zwei gänzlich unvereinbare Begriffe ... Halten wir dafür, daß die Schule auf diesem Gebiete keine höheren Ziele hat als sprachliche Korrektheit, so müssen wir wie bisher den Nachdruck auf die Äußerlichkeiten legen. Sind wir der Meinung, daß die Anregung der produktiven Kräfte die weitaus wichtigere Aufgabe der Schule ist, dann müssen wir auch die Formfragen dementsprechend als Nebensache behandeln ...
Die Fehlerlosigkeit! Welch ein lächerlicher Begriff, wo es sich um Menschen, um Kinder handelt! ...
Üben wir das Anstreichen der Fehler nicht meistens völlig gedankenlos aus? Und können wir wohl einen Gedanken im Schüler durch dieses mechanische Tun erzeugen? ...
So müssen wir uns denn mit dem Gedanken vertraut machen, nur generell und nur durch besondere sprachliche Produktionen auf die Form der Aufsätze einzuwirken, all die vielen Fehler aber ungeschoren passieren zu lassen. Ein entsetzlicher Gedanke! Unser ganzer innerer Schulmeister bäumt sich dagegen auf. Und doch – wir müssen uns bei ruhigem Nachdenken sagen, daß es gar keinen anderen Weg für uns gibt, und daß diese besinnungslose, traurige Korrigierarbeit jahraus, jahrein in ewig fruchtlosem Bemühen mit der Würde des Erziehers gar nicht vereinbar ist« (S. 139ff.).

Paul Georg Münch, 1926:

Die Forderung einer letzten Reinschrift ohne Tadel ist sehr berechtigt. In der Arbeitsschule sollen die Kinder nicht bloß drauflos schaffen, sondern sie sollen helle Freude haben an der vollendeten, formschönen Arbeit!
Es gibt Schneidermeister, und es gibt Zuschneider! Das Zuschneiden ist außerordentlich wichtig, ich bedaure freilich den armen Menschen, der Tag für Tag immer nur schneidet, aber nicht die Freude an einem tadellosen Rock empfinden darf, dem er den letzten Schliff gab.
Wir wollen die Kinder nicht immer nur Aufsätze zuschneiden lassen, sie sollen die Arbeiten auch von Heftfäden säubern, sie sollen ihr kleines Werk bügeln, glätten, ansehnlich machen. Sie sollen schließlich so stolz sein wie jeder Handwerker, wenn er seine schmucke Arbeit ins Schaufenster stellt.
Ich warne vor der Verachtung der Form« (S. 75f.).

wenig Erfolg gehabt. Vielleicht erwarte ich hier von Kindern, was viele nicht leisten können, weil ihre Erlebnisse beim Lesen eines Entwurfs viel unkritischer sind als meine.
Als Reinschrift kommt jede Geschichte zum zweitenmal auf meinen Tisch. Ich korrigiere nur die wenigen verbliebenen Rechtschreibfehler und – selten – schwere grammatikalische Verstöße. Diese Eingriffe mit Farbstift sind geringfügig.
Das Verfahren habe ich von den Alten gelernt. Paul-Georg Münch: »Des Lehrers Arbeit am Aufsatz (bestand) oft genug nur aus orthographischen Rüffeln, grammatikalischem Schnüffeln und Kurpfuschen am Stil. Die Aufsätze von dazumal wurden ganz gewiß sehr sorgsam chemisch gereinigt, aber Entwanzungsanstalten sind keine Pflegestätten . . . Daß das Kind die ihm nicht immer verständlichen Ausstellungen des Lehrers schon am nächsten Tage vergessen hatte, war Selbstschutz der Natur« (1926, S. 100).
Lange Zeit fiel es mir schwer, diese vermeintliche Großzügigkeit nicht nur als vernünftig anzuerkennen, sondern auch zu *tun.* Fritz Gansberg hat recht: »Ein entsetzlicher Gedanke! Unser ganzer innerer Schulmeister bäumt sich dagegen auf« (1914, S. 147). Allmählich habe ich diese Großzügigkeit gelernt. Es beunruhigt mich nicht mehr, wenn ich Geschichten zurückgebe, die allerlei nicht korrigierte Fehler enthalten.
In einem aber bin ich für Kompromisse nicht zu haben: Solange es eine meiner wichtigsten Aufgaben ist, mit Kindern Rechtschreiben zu üben, lasse ich auch in Aufsätzen möglichst keinen Recht-

schreibfehler passieren. Hier halte ich es mehr mit Münch, nicht mit Gansberg.

Worte statt Zeichen und Ziffern

Meine Meinung zu jeder Geschichte sage ich mit Worten. Katasterbeamte der Sprache haben sich für mehr als ein Dutzend Fehlerarten Zeichen ausgedacht: ein rotes T oder Z am Rande heißt »Zeit!«, die Abbildung eines Wurms signalisiert »sachlich falsch!« und jenes Zeichen, das die Marktfrau für Pfennig benutzt, rügt: 1 Stck. Wort zuviel!

Es tut mir in der Seele weh, wenn ich daran denke, daß meine Schüler einmal diesen Pedanten in die Hände fallen könnten, die, statt ihre Meinung mit Worten zu sagen, Heftränder mit krausen Zeichen bemalen. O ihr schrecklichen Erinnerungen: Wenn Herr Studienrat mir mein Heft korrigiert zurückgaben und ich mein kleines Werk mit allerlei wirrem Gestrichel verhunzt wiederbekam. Was ich für eine beachtliche Leistung gehalten hatte, war nun wüst durchackert, geradezu unlesbar geworden. Ich erinnere mich, das als eine entmutigende Mißachtung meiner Leistung erlebt zu haben. Und vor allem an eines erinnere ich mich: Den Sinn dieser Zeichen versuchte ich nie zu ergründen. Alle Korrekturen las ich bestenfalls flüchtig. Gelernt habe ich dabei im Wortsinne nichts. Die Lehrer haben diese ganze doch sehr aufwendige Arbeit umsonst geleistet. »Das höchste Stolzgefühl eines angehenden Schriftstellers ist es, wenn ihm zum ersten Male in seinem Leben ein Korrekturbogen zur Durchsicht vorgelegt wird: Das also bist du! Das ist dein Werk! Den gleichen Stolz am Eigenschöpferischen erlebt ein Kind, wenn ihm nach einiger Zeit sein Aufsatz wieder vorgelegt wird« (Münch, 1926, S. 199).

Weil das so ist, können wir gar nicht anders, als im Korrigieren großzügig zu sein – und ebenso großzügig in unseren Antworten auf Geschichten der Kinder. Zwar: sie schreiben nicht *nur* für mich, sondern für die ganze Klasse, *auch* für mich. Aber das Urteil des Klassenlehrers ist doch besonders gewichtig.

Wenn es uns mit der Behauptung, Kinder stünden im Zentrum unserer Arbeit, tatsächlich ernst ist, und wenn wir ein tragfähiges Fundament der Freude legen wollen, dann bringen wir es einfach nicht fertig, Simones Geschichte, über der sie zwei Tage lang den Rücken beugte, mit einem armseligen Sätzchen zu beantworten. Im

Schulrecht auch gibt es den Begriff der Verhältnismäßigkeit. Beim Geschichtenschreiben, jenseits aller juristischen Spitzfindigkeiten, ist er am Platze: Es ist einfach eine unverhältnismäßige Reaktion, auf eine Geschichte, der das Kind sich hingegeben hat, mit einer Phrase zu reagieren. Psychologisch, obendrein, ist es grober Unfug. Und überhaupt: Es wäre doch wohl unverantwortlich, wenn ich mir diese Möglichkeit entgehen lassen würde, Simone zu ermuntern, sie zu bestärken und sie auf Schwächen »unter vier Augen« anzusprechen.

Zu der Individualisierung von Schreibabsicht, Thema und Schreibzeit gehört auch die Individualisierung der Lehrer-Reaktion. Es gibt manche wunderlichen Argumente, die begründen sollen, warum einer bloß ein paar Randbemerkungen macht oder sich mit einer kurzen Bemerkung unter der Arbeit begnügt. Ich halte diese Reden samt und sonders für Ausreden. Was für den Deutschlehrer an einem Gymnasium, der solche Reaktionen für die Aufsätze von drei, vier, fünf Klassen verfaßt, selbstverständlich ist, sollte für uns erst recht selbstverständlich sein. Einen vernünftigen Grund, auf Geschichten von Kindern nicht ausführlich zu reagieren, kenne ich nicht. Was wir eigentlich tun müßten, wissen wir ganz genau, falls wir nicht zu Lehrbeamten heruntergekommen sind. Es fällt uns nur schwer zu tun. Und das ist ja auch ein entmutigender Anblick, den ein Laie nicht nachempfinden kann: 35 Aufsatzhefte von Viertkläßlern auf einem Stapel! Aber es hilft nichts. Die Arbeit muß getan werden.

Für mich jedoch hat sie ihre Schrecken verloren. Seit ich wahlfreie Aufsätze schreiben lasse, ist das schriftliche Antworten keine Fron mehr. Am Donnerstag sind sechs Kinder mit ihren Geschichten fertiggeworden. Nachmittags nehme ich mir diesen kleinen Stapel als erstes vor. Sechs Hefte, das ist ohne große Mühe zu schaffen. Der Gedanke, morgen schon meine Antworten vorzeigen und sie auf diese Weise gewichtiger machen zu können, spornt mich an. (Je kürzer der Abstand zwischen Leistung und Reaktion, desto nachhaltiger die Wirkung der Reaktion!)

Autodidaktische Kunst

Wer zum erstenmal einen Kommentar unter einen Kinderaufsatz schreiben und vielleicht sogar eine Zensur hinzufügen soll, fühlt

sich maßlos überfordert. An den Hochschulen lernt man so etwas nicht, obwohl sich hier – wo sonst? – wissenschaftlich begründete Unterrichts- und Erziehungsarbeit zu beweisen hat.
Im Anfang weiß man nicht, was man mit so einer Geschichte anfangen soll. Die Maßstäbe fehlen, der Ton der Reaktion ist noch nicht bekannt. (Da können wir sehen, was unsere Lehrer uns vorenthalten haben.)
Zuerst, meine ich, muß der Lehrer mit unbefangener Neugier an die Geschichten der Kleinen herangehen – und mit dem Willen, Lobenswertes zu finden. Sodann muß er sein eigenes Stilempfinden weiterentwickeln. Es genügt nicht zu sagen, etwas habe beeindruckt, angenehm gewirkt. Wir müssen wissen, *warum* etwas beeindruckt und angenehm oder weniger angenehm wirkt. Das ist keine Frage der sprachlichen Schönheit. Es heißt auch nicht, Maßstäbe der bürgerlichen Moral auf dem Umweg über den Stil zu installieren. (Das meinen manche Kritiker.) Sondern es heißt: Wer für andere schreibt, will sie überzeugen, beeindrucken. Das tut er nicht nur mit dem Inhalt, sondern auch mit der Form. Gerade in der Beurteilung der Form aber ist unser Urteil oft unsicher. Deshalb meine ich, müssen wir unser Stilempfinden weiterentwickeln. Niemand hilft dabei besser als Ludwig Reiners (Stilkunst, Becksche Verlagsbuchhandlung München). Sehr viel habe ich von dem Kollegen Paul Georg Münch gelernt, dessen Bücher (besonders: »Dieses Deutsch!«) allerdings nur noch über die Fernleihe zu kriegen sind.
Und dann muß der Lehrer vergessen, daß ein rechter Lehrer zu belehren hat. Vergessen müssen wir, was uns Lehrer einst mit Rot in unsere Aufsatzhefte schrieben. Als abschreckendes Beispiel muß uns ihre kritische Grundeinstellung vor Augen stehen. Diese Maßstäbe führen uns unweigerlich in die öden Niederungen der Sprachverwaltung, und sie führen die Kinder zu freudlosem Schreibzwang – falls wir es in unserer Schulzeit nicht zufällig mit einer der Ausnahmen zu tun hatten. Mein Ziel ist, die Schaffensfreude der Kinder zu erhalten, ihnen Freude am Schreiben zu machen.
Unbefangen und ohne Lehrer-Ehrgeiz an die Geschichten der Kinder heranzugehen, muß man sich in den ersten Monaten und Jahren selbst lehren. Noch heute lerne ich an dieser Lektion. Ich habe versucht, mir immer wieder vor Augen zu halten: Simone hat etwas (auch) für mich aufgeschrieben. Gewiß hat sie beim Schreiben wiederholt daran gedacht, was ich wohl zu ihrer Geschichte sagen werde. Sie möchte etwas Erfreuliches hören. Und ich möchte ihr etwas Erfreuliches sagen. Deshalb lese ich ihre Geschichte mit der Absicht, etwas Erfreuliches zu finden. Im übrigen will ich ihr

ganz schlicht sagen, was auf mich wirkt und was nicht. Wenn ich kann, will ich ihr auch die Gründe nennen.
Die Kriterien für mein Urteil sind aus dem Unterricht erwachsen. Weil wir jede Geschichte im Klassenkreis vorlesen und besprechen, bilden sich auch sehr bald Kriterien für gern gehörte Geschichten heraus. Zum Beispiel: Wer von einer Sache schreibt, die er nicht kennt, schreibt selten lesenswert. Der Leser will durch den Anfang einer Geschichte zum Weiterlesen verlockt werden. Der Leser hat es gern, wenn ihm zum Schluß noch etwas Besonderes geboten wird; er behält dann einen angenehmen »Nachgeschmack«. Nichts an einer Geschichte ist unerträglicher als Langeweile. Häufige Wortwiederholungen wirken steif und bewirken Langeweile auch bei einer inhaltlich spannenden Geschichte. Und so fort. (Zu den Kriterien wird in Kapitel 7 mehr zu sagen sein.)
Je weiter dieser Klärungsprozeß fortgeschritten ist, desto mehr kann ich mich in meinen Kommentaren auf diese Kriterien berufen. Voraussetzung ist natürlich, daß sie nicht vom Lehrer »durchgenommen«, sondern von den Kindern an immer neuen Beispielen erfahren worden sind.
Mit der Hand zu schreiben, kostet mich zuviel Mühe. Es geht zu langsam, wenn es gut leserlich sein soll. Mit zwei Fingern auf der Schreibmaschine arbeite ich schneller und lesbarer. Das Heft liegt neben der Maschine, und ich schreibe, was mir auffällt, sogleich in die Maschine.

A & O: Lob

Am Anfang stehen erstens einige positive Bemerkungen, verbunden mit mehr oder weniger kräftigem Lob. Gelegentlich kommt es vor, daß ich auf die Suche nach Positivem Zeit verwenden muß. Ich verzichte aber nie darauf. Zweitens beziehe ich mich, so oft das möglich ist, auf Bemerkungen, die ich unter die letzten Geschichten schrieb. Ich habe deshalb vor dem Schreiben des neuen Kommentars zurückgeblättert und ältere überflogen. Dabei habe ich mich erinnert: Ach ja, die »Mone« hat eine eigenartige Hemmung, Erlebtes zu schreiben. Statt dessen erfindet sie gequält wirkende Geschichten von sprechenden Häusern und der Japan-Wanderung eines Igels. Letztesmal ermunterte ich sie kräftig, über Dinge zu schreiben, die sie kennt. (Ich hatte es inzwischen vergessen. Sie aber nicht. Deshalb ist es gut, daß ich mich durch das Zurückblättern

wieder erinnert habe.) Ich werde ihr diesmal neuerlich etwas dazu sagen, damit sie sich persönlich und ihre Anstrengungen ernstgenommen fühlt, damit es einen Dialog zwischen uns gibt, und damit Simone und ich eines Tages Früchte unserer Arbeit ernten können. Vielleicht habe ich sogar Glück, daß ich sie heute loben kann?
Danach zähle ich auf, was mir nicht gefällt. Oft nimmt dieser Teil den größeren Raum ein. Damit er nicht zu groß wird, bin ich von vornherein nicht darauf aus, alles zu sagen, was mir aufgefallen ist. Zwei, drei Schwerpunkte suche ich mir heraus. Auf den Rest verzichte ich. Der Versuch einer Vollständigkeit wäre doch nur »besinnungslose, traurige Korrigierarbeit« (Fritz Gansberg). Mehr als meine wenigen Punkte kann das Kind gar nicht verarbeiten. Buchhalter-Ehrgeiz habe ich nicht.
Zum Schluß suche ich mir noch etwas Positives heraus, damit die Gesamtwirkung meines Kommentars ermutigend bleibt.
Daß ich mit Lob beginne und dann erst Hinweise auf Verbesserungswürdiges anschließe, ist kein Trick. Ich halte die Bestätigung einer guten Leistung für viel wirksamer als die Kritik an einer weniger guten. Wenn ich Bärbels hervorragenden Gebrauch der wörtlichen Rede rühme und hierfür zwei, drei Details nenne, wird sie sich beim nächstenmal erst recht bemühen, wörtliche Rede mit diesen Details geschickt einzusetzen. Wenn ich in Arndts Satz »Ich reichte ihm verlegen die Hand« das Wort »verlegen« als treffend rühme, tue ich damit mehr für die Festigung des Wortschatzes und für kindliche Ausdrucksfreude, als wenn ich dem Kind vorhalte, es habe keine treffenden Wörter gebraucht.

Lehrerfreude – Kinderfreude

Wenn ich meinen Kommentar geschrieben habe, schneide ich das Stück Papier aus und klebe es ins Heft. Ehe eine Stunde vergangen ist, habe ich die sechs Hefte des Donnerstags bearbeitet und also mein Aufsatz-Pensum für heute erledigt. Was früher Fron war, ist heute nur gelegentlich lästig. Meist aber macht es mir Freude. Und nur, wenn meine Arbeit mir Freude macht, bin ich in der Lage, dieses Fundament der Freude auch bei Kindern zu legen.
Dieser Aspekt aber wird durchweg übersehen. Unsere Fachleute verbreiten sich nur über Forderungen an den Lehrer. Sie wissen nicht, daß Lehrer alle diese Forderungen auf Dauer nur erfüllen, wenn ihnen ihre Arbeit Freude macht. Das geschieht nicht »von

selbst«, sondern wir müssen selbst lernen, uns unseren Beruf attraktiv zu halten. Ob uns das gelingt, entscheidet sich nicht zuletzt in diesen vermeintlichen Kleinigkeiten: Wie läßt sich die entmutigende Wirkung eines Aufsatzstapels vermeiden? Wie schreibe ich meine Kommentare? Unsere Fachdidaktiker wissen von alledem nichts, weil sie es selbst nicht oder nur kurze Zeit erfahren haben. Deshalb müssen wir Lehrer einander unsere Erfahrungen mitteilen.

Es kommt auch vor, daß ich Geschichten überhaupt nicht lobe. Eine Regel hierfür läßt sich nicht nennen. Einem besonders empfindsamen oder gar empfindlichen Kind werde ich einen Kommentar wie den folgenden nicht ins Heft schreiben.
Zu Beginn des vierten Schuljahres schrieb Golo diese Geschichte:

> Im Schwimmbad hat Sven K. einen Bauchklatscher gemacht. Das sah aus, als wäre er ein Hängebauchschwein. Mini hat einen erstklassigen Köpper gemacht. Arne hat den besten Bauchklatscher gemacht.

Folgenden Kommentar klebte ich ihm darunter:

> *Lieber Golo!*
> *Das ist doch wohl nicht Dein Ernst: Diese läppischen sieben Zeilen sollen eine Geschichte sein? Für die wirst Du wohl kaum zufriedene Leser finden. Ich fürchte, die Klasse wird Dir einige Unfreundlichkeiten sagen. Ich schlage vor: Schreib eine richtige Geschichte, die der Klasse gefällt. Du kannst das doch! (Achte aber bitte darauf, in der neuen Geschichte »machte« nicht zu oft zu wiederholen.)*

Diese Kritik hatte Golo so sehr gewurmt, daß er wenige Tage später eine neue vorlegte:

> *Schwimmengehen*
>
> **Golo:**
> Als wir am Donnerstag zum Schwimmbad gefahren sind, habe ich an einer Straßenecke gedacht, jetzt würden wir voll vor die Mauer donnern.
> Im Schwimmbad haben wir uns ganz schnell umgezogen und geduscht. Das Duschen machte Spaß. Als wir zum Becken ka-

men, waren wir sauer, weil wir noch so lange am Rand warten mußten, denn die andere Gruppe war noch im Wasser.
Endlich waren wir dran. Da sind wir alle ganz schnell zum Sprungbrett gelaufen. Sven K. sprang wie ein Gorilla ins Wasser. Platsch! Mini machte einen erstklassigen Köpper. Als wir aus dem Wasser raus mußten, dachte ich: Schade, ich fand das Schwimmen so toll!

Ich wußte, daß er sich große Mühe gegeben hatte. Zwar ist das eine Hippodrom-Geschichte, denn das zu erzählende Erlebnis hatte nicht (mehr) auf seine Nerven gedrückt, aber das Erlebnis meiner Kritik hatte auf seine Nerven gedrückt. Wenn meine Reaktion nun ein Kommentar gewesen wäre, der in Umfang und Ernsthaftigkeit seiner Mühe nicht entsprochen hätte, wäre ein solches Erlebnis vielleicht die Grundlage für künftige »Unlust zu den deutschen Stunden« geworden. Ich schrieb:

Lieber Golo!
Über diese Geschichte spreche ich gern mit Dir. Sie ist nämlich eine richtige Geschichte. Am besten gefällt mir die zweite Seite. Der Satz von Svens Sprung ist erstklassig. Ich kann mir den Sprung so gut vorstellen, als wäre ich dabeigewesen.
Als Einleitung schreibst du fünf Zeilen vom Bus. Im Verhältnis zu der ganzen Geschichte scheint mir das etwas zuviel zu sein. (Übrigens: »voll donnern« würde ich nicht schreiben; »leer donnern« auch nicht.)
Jetzt bin ich gespannt auf Deine nächste Geschichte.

Kritik habe ich auch Matthias ins Heft geklebt. Er hatte geschrieben:

In den Ferien

Matthias:
Wir waren in den Ferien in Spanien. Die Aufzüge waren schrecklich. Überall fand man leere Colabüchsen. Das Wasser im Schwimmbecken bestand nur noch aus Dreck und Fliegen. Das Essen skandalös! Zum Glück fanden wir in der Altstadt ein altdeutsches Restaurant. Die Atmosphäre war wie im Jahr 1700. Es war praktisch ein Museum. Das Essen war Spitze. Der Rückflug war schlimm. Eine Achterbahn ist dagegen noch zahm. Erst ging das Flugzeug ganz gemächlich hoch, ab da SCHWAPS! Das Flugzeug lag schief in der Luft. Das Hotel hieß Copacabana.

Weil ich Matthias gut kenne und weiß, wieviel Kritik von welcher Art auf ihn wirkt, habe ich ihm diesen Kommentar geschrieben:

Lieber Matz!
Auch in dieser Geschichte merkt der Leser, daß der Autor sich hervorragend ausdrücken kann. Ich staune auch, wie genau Du Einzelheiten beobachtet hast.
Aber in dieser Geschichte geht es wie Kraut und Rüben durcheinander. Der Autor schreibt nacheinander von Aufzügen, umherliegenden Colabüchsen, dreckigen Schwimmbecken, skandalösem Essen, gutem Essen in einem besonderen Restaurant, vom Rückflug und noch einmal vom Hotel. Es war mir manchmal lästig, solch ein Durcheinander zu lesen. Im Grunde hast Du von mehreren Themen geschrieben. Ich glaube, wenn Du nur vom Rückflug oder nur von Schlamperei und Unordnung an Euerm Ferienort erzählt hättest, wäre das eine feine Geschichte geworden.

Ähnliche Kritik kriegte er später im Klassengespräch zu hören. Seine nächste Geschichte war von anderem Kaliber:

Schulfrei

Matthias:
»Matthias, aufstehen!« rief meine Mutter, als sie die Tür öffnete. »He, was ist denn los?« murrte ich. Dann blinzelte ich ins Licht. Aber da! Ich war sofort wach, als ich gesehen hatte, daß es geschneit hatte.
Da hörte ich im Schlafzimmer neben uns: (Es folgt eine Zeile Noten.) Das war die siebte Sinfonie von Mozart. »Uns erreicht soeben die Nachricht, daß in allen Schulen Nordrhein-Westfalens der Unterricht eingestellt wurde.«
Der Rest war egal! »Juhu!« rief ich, dann drehte ich mich auf die Seite und schlief weiter.

Kommentar:

Lieber Matthias!
Es hat mir großen Spaß gemacht, diese Geschichte zu lesen. Diesmal hast Du zu nur einem Thema geschrieben. Hervorragend gefällt mir der Anfang, der sofort mitten in die Geschichte führt und den Leser zum Weiterlesen verlockt. Es wird allerdings nicht

ganz klar, daß Du die Musik im Radio *hörst und die erfreuliche Nachricht ein Radiosprecher sagt.*

Christiane schrieb im August, zu Beginn des vierten Schuljahres, diese Geschichte von der ersten langersehnten Schwimmstunde:

Schwimmbad

Christiane:
Wir haben Spiele gemacht. Das war sehr schön. Und zum Schluß durften wir noch reinspringen. Dann liefen wir ganz schnell hoch, um uns umzuziehen. Da hat der Bademeister geschimpft und hat gesagt: Demnächst macht ihr die Kabinen nacheinander voll!« Ich habe gedacht: Laß den mal schön reden, und habe ihn einfach weiterreden lassen. Und außerdem: Katrin und ich haben Handstand gemacht, Trummelkopf und all so 'was.

Kommentar:

Liebe Christiane!
Das ist eine lebendig erzählte Geschichte. Die Sache mit dem Bademeister mußt Du mir bitte noch einmal ausführlich mündlich erzählen. Ich bin richtig neugierig.
Die Einleitung reizt zwar nicht sehr zum Weiterlesen, aber sie führt sofort mitten in die Geschichte.
Vom eigentlichen Schwimmen schreibst Du wenig: Zwei Sätze am Anfang, zwei Sätze am Schluß. Der Leser wundert sich, daß Ihr schwimmt, Euch umzieht und anscheinend wieder schwimmt. (Übrigens: Welche Ferkel haben eigentlich die Kabinen »vollgemacht«?)

Vier Monate später schaffte Christiane das Freischwimmerzeugnis. Sie hatte an diesem Tag zur ersten Schwimmgruppe gehört und kehrte darum so früh zurück, daß sie sogleich niederschreiben konnte, was noch frisch auf ihre Nerven drückte. Die Geschichte zeigt deutlich Christianes Lernfortschritt:

Freischwimmer

Christiane:
Frau von Detmering sagte etwas, und fast alle meldeten sich. Ich

hatte es gesehen und fragte Frau Detmering: »Warum melden die sich?« Da antwortete sie: »Die wollen alle einen Freischwimmer machen.« »Ist das schlimm?« fragte ich. »Überhaupt nicht.«
Dann ging sie rüber zum Schwimmerbecken. »Also, ihr müßt alle eine Viertelstunde schwimmen.« Da dachte ich: »Das ist gar nicht so schwer.«
Es waren erst fünf Minuten um, da wollte ich mich an der Stange festhalten. »Nein, bloß nicht!« rief Frau von Detmering.
Fünfzehn Minuten waren um. »Kommt jetzt raus!« sagte sie.
»Toll!« rief ich, »toll!«
Wir durften vom Einer springen.
»Raus jetzt, zieht euch um!«
Wir gingen alle hoch. Ich freute mich so sehr, daß ich den Freischwimmer geschafft hatte.

Kommentar:

Liebe Christiane!
Wenn ich diese Geschichte mit der ersten Schwimmbad-Geschichte vergleiche, kann ich mich nur wundern. Das ist ja ein ungeheurer Fortschritt! Am meisten imponiert mir, daß Du die wörtliche Rede wie eine Meisterin gebrauchst: Der Begleitsatz steht mal vorn, mal hinten, und manchmal fehlt er ganz – wie wir das bei Bärbels Geschichte damals besprochen haben.
Zweimal machst Du einen kleinen Gedanken-Hopser. Ich habe Dir gelbe Kreuze an die Stellen gemalt, wo ein Satz fehlt.

Als letztes Beispiel sei die schon erwähnte Geschichte von Simone wiedergegeben. »Mone« hatte zuvor aufregend farblos über ein Nachtgespenst, ein sprechendes Haus und die Freundschaft zwischen einem Igel und einem Pferd geschrieben. Ganz anders diesmal:

Als mein Vater in dem General-Anzeiger stand

Simone:
Mein Vater sagte erstaunt: »Weißt du schon, Simone, daß ich im General-Anzeiger stehe?«
»Das glaub ich dir nicht!« sagte ich. »Du willst mich ganz bestimmt wieder anlügen!«
»Nein, Simone, ich lüge dich nicht an.«
»Ich glaub dir das nicht. So, basta!«

»Dann guck doch mal in den General-Anzeiger«, meinte er.
»Wir haben aber keinen General-Anzeiger«, sagte ich.
Er sagte: »Ihr habt hier ja gar nichts.«
»Warte, ich kauf eben einen General-Anzeiger. Tschüß, Papa!«
Nach einer Viertelstunde kam ich wieder nach Hause. Da stand tatsächlich: »Oldtimer Rainer Heinzer hat sechs von elf Toren geschossen beim Handballspielen.«
»Na, Simone, stimmt es oder nicht?« fragte er.
Ich sagte erstaunt: »Das hätte ich dir nicht zugetraut. Ha ha: Oldtimer!«

Mir war, als hätte diese Geschichte ein anderes Kind erzählt. Besonders der dialogische Aufbau und die geschickte Präsentation der wörtlichen Rede beeindruckten mich.
Kommentar:

Liebe Simone!
Diesmal erzählst Du etwas selbst Erlebtes, und prompt macht es mir viel mehr Spaß, Deine Geschichte zu lesen. Sie ist Deine bisher beste.
Hervorragend finde ich, daß Du die ganze Geschichte so in wörtlicher Rede erzählst, wie sie sich wirklich abgespielt hat. Toll, wie Du den Begleitsatz vorn, hinten oder überhaupt nicht einsetzst! Zum Schluß hast Du auch noch ein besonders leckeres »Bonbon« für den Leser. (Nennst Du Deinen Vater jetzt öfter »Oldtimer«?)
Lies bitte die Geschichte einmal laut vor Dich hin. Dann merkst Du, warum sie manchmal ein bißchen steif wirkt. Ein Wort kommt nämlich zu oft vor.
Insgesamt aber muß ich Dir sehr gratulieren!

Kommentieren macht Spaß!

Die Kommentare scheinen sehr aufwendig. Der Eindruck täuscht. Es dauert selten mehr als zehn Minuten, bis eine Geschichte durchgesehen, kommentiert und der Kommentar ins Heft geklebt ist.
Dazu trägt allerdings bei, daß ich mit zwei Fingern recht flott Maschine schreibe. Erleichternd fällt ins Gewicht, daß ich nicht über die Zensur grübeln muß: Die wird erst nach dem Lesen im Klassenkreis von allen gemeinsam festgesetzt.

Am nächsten Tag gebe ich Simone ihre Geschichte mit meiner Antwort zu lesen. Ich weiß, daß wir an diesem Morgen für die übliche Rückgabe im Gesprächskreis wahrscheinlich keine Zeit haben werden. Weil aber der Abstand zwischen ihrer Leistung und meiner Antwort möglichst kurz sein soll, gebe ich ihr das Heft vorab. Später, wenn sie ihre Geschichte der Klasse vorlesen soll, wird sie das Heft wieder hervorholen. (Ich gebe zu, daß ich mich auch deshalb beeile, weil ich es kaum erwarten kann, ihre Reaktion auf die frohe Botschaft zu erleben.)
Ich habe ihr das Heft gegeben, während ich im Tischgeviert herumging und jedes Kind begrüßte. Nun liest sie mehrmals still, auch später noch, während des Unterrichts. Ich merke: Meine Antwort beschäftigt sie. Wahrscheinlich liest sie auch ihre Geschichte immer wieder noch einmal, um sich an ihr zu delektieren.

```
Liebe Kerstin,
der Anfang Deiner Geschichte ist flott, lebendig.
Zu 1) Da Ihr zwei seid, mußt Du den Plural wäh-
      len: ranntеN.
Zu 2) Bitte kleine Zahlen in Worten schreiben.
Zu 3) Ein feines Spezialwort!
Zu 4) Dieses ist das siebte JETZT in dieser Ge-
      schichte. (Ich habe mal neben jeder Zeile
      mit JETZT einen Punkt gesetzt.)
Zu 5) MACHTE das Wochenprogramm: kein treffendes
      Wort!
Zu 6) Dieser Vier-Glieder-Satz gefällt mir.
```

Zuletzt, als sie das Heft in die Tasche schiebt, schaut sie kurz auf, merkt, daß ich sie ansehe, und lächelt mich scheu an. Aha, jetzt hat sie gerade das abschließende Lob gelesen. Ich zwinkere ihr zu. Simone wird rot. Lieber Gott, Samstagnachmittag werden wieder fünf, sechs Hefte auf meinem Schreibtisch liegen, und ich werde sie gern bearbeiten.

Zusammenfassung

Bis in die ersten Wochen des dritten Schuljahres hinein schreibe ich nach den Entwürfen der Kinder die Reinschriften selbst, damit die Kinder nicht durch wiederholtes Schreiben Freude verlieren. Ich schreibe mit der Maschine, weil dieses Verfahren kürzere Schreibzeit mit besserer Lesbarkeit verbindet.
Die Kinder schreiben Entwürfe, ich korrigiere sie mehr oder weniger großzügig. Darauf folgt die Reinschrift durch die Kinder. Sie zieht sich oft über mehrere Tage hin.
Die Reinschrift korrigiere ich abermals. Fehlerfreiheit strebe ich nicht an. Gewissenhaft bin ich nur bei den Rechtschreibfehlern.
Auf die Individualisierung von Schreibabsicht, Thema und Schreibzeit folgt die Individualisierung der Lehrer-Reaktion: Ich reagiere nicht mit Randbemerkungen oder einem kargen Sätzchen, sondern mit ausführlichen Kommentaren. Die schreibe ich mit Maschine auf ein besonderes Blatt und klebe sie in die Hefte.
Auch heute noch lerne ich an der Lektion, unbefangen an die Geschichten der Kinder heranzugehen, ohne schulmeisternde Absicht und mit dem Vorsatz, Lobenswertes zu finden.
In jedem Kommentar spreche ich nur wenige Punkte an, damit die Kinder ihn aufnehmen können.
Dieses Verfahren ist nur scheinbar aufwendig. Es ist für den Lehrer ohne große Mühe zu bewältigen und verschafft ihm weit mehr Befriedigung als die weithin übliche Art der Reaktion.

Kapitel 6: Zensieren

Zensieren ist Willkür

Objektive Aufsatzzensuren gibt es nicht. Gottfried Schröter wird seit fast zwanzig Jahren nicht müde, es immer wieder nachzuweisen. Ungeschminkt: Das Zensieren von Aufsätzen ist ein mehr oder weniger ausgeprägter Akt von Willkür.
Nicht nur das. All unser Benoten in der Schule ist ein Vergleichen; es werden also die Geschichten der sprachgewandten Iris aus dem Oberschicht-Elternhaus mit denen des sprachsteifen Lesemuffels Doris aus einer Arbeiter-Sippe miteinander verglichen – und zwar nach den für Iris geltenden Regeln. Das ist ärger als mangelnde Objektivität. Es ist auch ungerecht, und gegen diese Ungerechtigkeit ist kein Kraut gewachsen, auch nicht Gottfried Schröters Mappe für Gerechtigkeits-Training (1972).
Unanständig gar ist es zu behaupten, man habe schließlich Gerechtigkeit geschaffen, da alle Teilnehmer am Wettlauf zentimetergenau die gleiche Strecke zu absolvieren hätten, alle das gleiche Training erhielten (die schwachen Läufer – Gipfel schulmeisterlicher Differenzierkunst! – vielleicht sogar ein Stündchen pro Woche mehr als die anderen) und alle mit derselben Stoppuhr gemessen würden – unanständig, weil der eine Läufer vor Kraft strotzt, der zweite ein Hüftleiden und der dritte ein Holzbein hat.
Messen ist vertretbar allenfalls, wenn alle Teilnehmer die gleiche Chance haben. Weil ein solcher Fall gerade im schriftlichen Sprachgebrauch undenkbar ist, dürfen Aufsätze und Zensuren nichts miteinander zu schaffen haben.
(Deshalb meine ich, ›Ansätze‹ wie der von Otfried Hoppe, der sein kommunikationsdidaktisches Konzept ausgerechnet am Problem der Bewertung aufhängt, seien ungeeignet: Sie betrachten zwei einander gänzlich fremde Dinge als *eine* Sache.)
Daß gar »Kind und Eltern ... ein Recht (haben) ... zu erfahren, wie die sprachliche Darstellungsform notenmäßig einzuordnen« sei (Oswald Beck, 1971, S. 563), ist bloß eine wichtig formulierte Nichtigkeit. Kinder haben ein Recht auf guten Unterricht; das Recht auf Noten ist nicht besser als das Recht auf Persil.
Ein Kind erzählt anderen und seinem Lehrer etwas, wie es aus ihm

herausströmt, und meine Aufgabe ist, ein möglichst massives Fundament der Freude zu legen, das Kind erfahren zu lassen, wie man so erzählt, daß man bei anderen die beabsichtigte Wirkung erzielt und das Schreiben einen selbst bereichert. Zensuren haben mit dieser meiner Aufgabe so wenig zu tun wie Haltungsnoten beim Laufenlernen von Kleinkindern. Erst recht haben sie nichts unter den Briefen zu suchen, die mir kleine Kinder schreiben, und auch nichts unter den Geschichten, die sie sich selbst und uns zur Freude schreiben; nichts auch unter den Forschungsberichten und den Interviews, über die hier zu berichten zu weit führen würde.
Das zu wissen hilft mir leider nichts. Erstmals im Versetzungszeugnis nach Klasse 4 muß ich in Nordrhein-Westfalen »Aufsatz« zensieren, und daß noch früheres Zensieren in einer Verwaltungsvorschrift ausdrücklich untersagt wird, muß als Glücksfall gelten, wenn man die Vorschriften anderer Bundesländer betrachtet.
Wollte ich aber an die Geschichten, Forschungen, Interviews, Charakteristiken meiner Viertkläßler jenes Zensuren-Maßband anlegen, müßte ich jedesmal meinen Diensteid verletzen, in dem ich geschworen habe, »Gerechtigkeit gegen jedermann« zu üben. Mein Problem ist also, dem Zensierzwang nachzugeben, ohne die Kinder zu schädigen.
Versuche ich dieses Problem zu lösen, verlieren die Zensuren ihre bisherige Rolle. Ich weiß ja: Sie ermöglichen keinen objektiven Vergleich, und gerecht sind sie ebenfalls nicht. Wenn ich sie dennoch anwende, dann nur als zu Ziffern geronnenen Beifall der Adressaten. Verriß und Schmähung stehen ihnen nicht mehr zu. Mindestens Höflichkeitsbeifall ist jedem sicher.
Eine ideale Lösung ist das nicht. Wenn die Benotung von Kindern im Spiel ist, kann es überhaupt keine ideale Lösung geben. Ich kann nur versuchen, mein Problem so gut wie möglich zu lösen. Das tue ich, wenn ich das Machbare mache. Nicht dermaleinst, auch nicht nächstes Jahr, sondern heute.

Sofort machbar

Sofort machbar ist erstens: Ich kappe das untere Drittel unserer Skala. Fünfen und Sechsen werden nicht einmal mehr gedacht. Der Vorschlag Valentin Merkelbachs, eben so zu verfahren (S. 66), ist von Joachim Fritzsche (S. 666) kritisiert worden, weil er »inkonsequent« sei.

Wer aber Woche für Woche erlebt, was Fünfen und Sechsen in Kindern anrichten, der ist gerne in dieser Art inkonsequent, wenn ihm Konsequenz noch versagt ist. Merkelbachs Vorschlag, in ähnlicher Form auch von eher konservativen Fachleuten gemacht, bedeutet für Kinder viel, und er ist heute schon zu verwirklichen.
Mehr noch: So zu verfahren, ist sogar unausweichlich. Jeder Lehrer, der Kindern ernsthaft ihre Freude am Schreiben bewahren will, wird früher oder später genau das tun.
Daß ein Lehrer Fünfen und Sechsen austeilen müsse, steht nirgends geschrieben. Ich halte die Meinung für falsch, wenn man sechs Ziffernkärtchen in seinem Punktrichterkasten habe, müsse man auch alle sechs ziehen. In den Grundschul-Richtlinien NRW ist zutreffend von der »schmalen Motivationsgrundlage des Aufsatzunterrichts« (D/SP 11) die Rede. Um sie »nicht zu gefährden, sollen die Schüler einen Text nicht öfter als zweimal schreiben« (a.a.O.). Diese Fürsorglichkeit ist sicherlich angebracht. Unendlich viel mehr aber wird die Motivationsgrundlage durch schlechte Zensuren ruiniert. Wenn wir auf die nicht verzichten, entziehen wir unserem gesamten Aufsatzunterricht den Boden, und er bleibt, was er weithin ist: widerwillig ertragene Pflichtveranstaltung.
In meiner letzten Klasse waren die weitaus meisten Zensuren von Anfang des dritten bis Mitte des vierten Schuljahres Einsen und Zweien. Das sei »zu gut«? Eine solche Kritik trifft mich nicht, denn ich habe mich freigemacht von der Vorstellung, die Zensuren für Geschichten müßten vergleichend messen. Ihre alte Rolle haben meine Aufsatz-Zensuren ganz und gar verloren. Daß dabei die Skala amputiert wird und ihre Beamten-Logik einbüßt, interessiert mich nicht. Wichtig ist nur, daß die prinzipielle Kinderfeindlichkeit der Zensierpflicht so weit als möglich in Kinderfreundlichkeit umgewandelt wird.
Und wenn mich Kollegen fragen: »Aber was schreibst du denn ins Zeugnis?« dann antworte ich, was ich auch auf die Frage nach meinen vermeintlich zu guten Diktatzensuren antworte: »Warum sollten wir pädagogische Maßnahmen nach dem ausrichten, was wir alle halbe Jahre in eine Zwischenbilanz schreiben?« (S. 76). In der Bilanz steht, was im Halbjahr geschehen ist, und das ist bei allen Kindern Beifall unterschiedlicher Stärke. Das Instrument sind die oberen Ziffern unserer Skala.

Machbar ist zweitens: Kinder sind Partner in der Beurteilung. Auch das ist nicht neu. Schon 1914 erklärte Otto von Greyerz: »Die Beurteilung der Arbeiten geschieht am natürlichsten und wirkungsvollsten durch die Klassenkameraden« (S. 364). Die haben nicht nur das Recht auf (meist konsequenzlose) Anhörung, sondern ihre Meinung fließt tatsächlich in die Bewertung ein.
Diesmal verlieren nicht die Zensuren ihre alte Rolle, sondern der Lehrer. Wir hören deshalb solchen Gedanken meist nur unwillig zu. Wer allerdings die Ehrfurcht vor den Zensuren bereits verloren hat, dem fällt es leichter, seine neue Rolle allmählich zu lernen.
Kinder und Lehrer sind gemeinsam Adressaten: Wenn ›Matz‹ zwei Tage lang an seinem Plädoyer für ›Nebelfrei‹ feilt, tut er das schwerlich, weil er mich überzeugen möchte. (Ich werde ihm so oder so kein Nebelfrei geben.) Und nie und nimmer ist Svens Zuneigung zu mir so groß, daß er meinetwegen volle drei Stunden darauf verwenden würde, seiner Schwester Hosenanziehen sprachlich attraktiv zu bewältigen. Sondern beide denken auch an den Eindruck, den sie bei ihren Klassenkameraden hinterlassen werden. (Nicht *nur* für diesen Eindruck arbeiten sie. Beide erleben Befriedigung beim sprachlichen Schaffen. Aber ohne den Gedanken an den Vortrag vor der Klasse würden sie weniger gern und nicht so angespannt arbeiten.) Die Klassenkameraden sind immer Mitadressaten. Dann müssen sie aber auch sagen, wie eine solche ›Adresse‹ auf sie wirkt. Wenn Mitschüler so angesprochen werden, kann nicht mehr eine Adressaten-Minderheit, der Lehrer, entscheiden, wie eine Geschichte bei der Mehrheit, den Kindern, ›ankommt‹.
Deshalb wird kein Aufsatz nur vom Lehrer zensiert. Zwar, nur er schreibt einen Kommentar. Das ist anders nicht zu machen, und das ist auch zweckmäßig. Aber mehr als diesen Kommentar habe ich nicht ins Heft geschrieben, wenn eine Geschichte im Klassenkreis vorgelesen wird. Über die Zensur, über den Grad des Beifalls also, entscheiden alle Adressaten gemeinsam.
Aus dieser Grundüberlegung erwächst ein Bündel von Fragen. Sie sind samt und sonders leicht zu beantworten. (Das merkt man aber erst, wenn man sie im Klassenzimmer zu lösen beginnt. Denkt man am Schreibtisch über sie nach, werden sie um so komplizierter, je mehr man nachdenkt.)
Die wichtigsten Fragen seien hier knapp beantwortet.

- Die Kinder seien überfordert? Sie sind es nicht. *Jedes* Kind kann die Frage beantworten, wie ihm eine Geschichte gefallen habe.

Der Lehrer muß nur gut hinhören: »Es geht so« oder »nicht besonders« zeigt an, gelangweilt worden zu sein. »Och, ganz gut« heißt: Es hat mich einigermaßen unterhalten, aber ich bin nicht bewegt. »Gut« und »schön« stehen eine Stufe höher, »toll« eine weitere, und »ganz toll!« oder »Das könnte ich nicht!«, »Klasse!« ist die höchste.
Mir scheint dieser Einwand der Überforderung unbedacht zu sein. Wer Kinder nicht für überfordert hält, wenn sie Lehrers Urteil kritiklos hinnehmen müssen, der kann sie nicht für überfordert halten, wenn sie eigene Urteile zu fällen lernen. Das allerdings muß man wissen: Sie *lernen* erst. Sie können es noch nicht. Aber wozu gehen sie in die Schule?

- Die Kinder urteilten ungerecht? Antwort: Weniger gerecht als die Solo-Beurteilung durch den Lehrer können ihre Bewertungen gar nicht sein. Was heißt überhaupt ›ungerecht‹? Da, wie gesagt, die Zensur ungeeignet ist, irgend eine ›Gerechtigkeit‹ zu installieren, da Gerechtigkeit auch ohne Zensuren nicht zu erreichen ist, kann die Beurteilung von Geschichten nur einen Zweck haben: Ermutigung, Ansporn, Hilfe.

Ich will Kindern Freude an schriftlichen Äußerungen machen, sie ermutigen: »Schreib das auf!« Ob da einer eine Eins zuerkannt kriegt, die er nach irgendwelchen Vergleichs-Maßstäben ›eigentlich nicht verdient‹ hätte, ist ganz und gar unerheblich. Wichtig ist, daß er Befriedigung, Bereicherung, Befreiung beim Schreiben erlebte und daß die Reaktion der Adressaten diese Erlebnisse verstärkt. Wichtig ist, daß der Autor lernt, bei den Zuhörern die beabsichtigte Wirkung zu erzielen.
Michael, 10, Sohn eines Schreiners, war in seiner vorigen Klasse seit dem zweiten Schuljahr unvorbereiteten Diktaten ausgesetzt gewesen, hatte lauter Fünfen und Sechsen geschrieben, und seine Leistungsmotivation war gründlich ruiniert. In seiner neuen Klasse wurden ausschließlich Übungstexte als Diktat geschrieben: wöchentlicher Abschluß jeder Übungseinheit war das Diktat des erarbeiteten Textes. Diese Chance hatte Michael nicht nutzen können. Die Mißerfolgsserie in der vorigen Klasse hatte ihn entmutigt. Er erfuhr nun zwar, *wie* zweckmäßigerweise zu üben sei, aber er hatte verlernt zu üben und sich etwas zuzutrauen.
Während alle Mitschüler die Texte so gut beherrschten, daß die Durchschnittszensur stets zwischen Eins und Zwei lag, Fünfen und Sechsen ausgeschlossen und Vieren seltene Ausnahme waren (vgl. mein Büchlein Heimliches Hauptfach Rechtschreiben, S. 75f.), hatte ich manche von Michaels Diktaten nicht zensieren können, weil die Zensur zu schlecht gewesen wäre.

Michaels Erlebnisse erinnern stark an Konrad Wünsches Gisela (1970, S. 345; 1972, S. 66): »Wenn wir eine Arbeit schreiben, hauptsächlich Rechenarbeiten, dann bin ich so aufgeregt, daß ich nicht weiß, wo ich anfangen soll. Am liebsten käme ich dann nicht in die Schule. Ich denke mir immer: Hoffentlich schreibe ich keine Sechs. . . «

Warum Michael nach 18 Monaten in meiner Klasse plötzlich doch zu üben begann, habe ich nicht herausfinden können. Den prompten Erfolg und seine andauernden Wirkungen schrieb Michael wenig später nieder. Ich vermute, er tat es, weil ihm das Schreiben half, seine Erlebnisspannung zu lösen.

Die erste Eins

Michael:

»Mist! Schon wieder eine schlechte Zensur!« Ich bin nun schon vier Jahre in der Schule und bin immer noch der allerschlechteste im Rechtschreiben. Vieren, Fünfen, Sechsen, eine Drei war auch mal der Fall, aber nur sehr selten. Und manchmal werde ich aus lauter Gnade gar nicht zensiert.

Morgens, wenn ich aufstand, dachte ich: »Hoffentlich schreiben wir heute kein Diktat!« Und wenn wir eins schrieben, dann wußte ich schon meine Zensur. Und wenn ich dann Kinder sagen hörte: »Ich habe eine Zwei – Scheiße, ich will eine Eins haben!« dann hätte ich sie ohne Rückfahrkarte zum Mond schießen können.

Eines Morgens sagte Senni: »So, meine Lieben, jetzt schreiben wir ein Diktat.« Und dann? Es war am 14. September 1978. Ich glaubte, ich müßte in die Luft springen: eine Zwei! Später hintereinander Drei, Drei, Drei, Zwei, und dann kam mal wieder eine Fünf, aber das hat mich nicht aufgeregt. Für jedes Diktat habe ich doll geübt, und ich wußte, daß ich es jetzt kann.

Und dann die beste Zensur in meinem Heft. Es war so: Wir hatten in der ersten Stunde das Diktat geschrieben. In der Frühstückspause steckte ich die Strohhalme in die Kakaotüten. Senni guckte unsere Hefte nach. Da sah ich mein Diktatheft. Ich sah, daß er die erste Seite umgeblättert hatte. Ich hatte keinen Fehler auf der ersten Seite. Er las weiter. Und auf der anderen Seite hatte ich auch keinen Fehler. So hatte ich die erste Eins.

Kein Grundschulkind käme von sich aus auf den Gedanken, eine solche Geschichte ausschließlich an der Elle vorbildlicher Sprachnorm zu messen. Solche ›Gerechtigkeit‹ fällt nur Erwachsenen ein. Als ich Michaels Aufsatz vorgelesen hatte, klatschten die Zuhörer besonders heftigen Beifall. Im anschließenden Gespräch gab es dann auch viele Äußerungen zur Form. Unter denen waren auch kritische. Am Schluß aber plädierten die meisten dafür, Micha eine Eins zu geben, und viele Kinder sagten auch, warum: »Ich find' das toll, wie der Micha so ehrlich ist!« »Man muß ja auch bedenken, daß noch nie einer so 'ne Geschichte geschrieben hat.« Und, den Autor direkt ansprechend: »Wenn man bedenkt, was du früher für Geschichten geschrieben hast ... «

Michael hätte die Eins nicht verdient gehabt? Nach welchen Maßstäben nicht? Hier hat ein zehnjähriges Kind seine Erfahrungen mit sich selbst, dem Lehrer und der Institution Schule für sich und andere aufgeschrieben. Und indem es das tat, begann es sich von der in den ersten Jahren gelernten Rolle des wehrlos Ausgelieferten zu emanzipieren. Es hat etwas zu lernen begonnen, was nur wenige Erwachsene können: Ich schreibe über das, was mich bedrängt, entmutigt, demütigt, ängstigt, und indem ich darüber schreibe, bewältige ich es; ich beschreibe meine Glückserlebnisse während des Befreiungsprozesses, und mit dem Greifen des Füllers kriege ich dieses Glück ›in den Griff‹.

Beckmessern an der Form hat hier nichts zu suchen. Dieses Kind muß ermutigt werden, in ähnlichen Lagen künftig ähnlich befreiend mit Sprache zu handeln. Dies wird durch starken Beifall ausgesprochen. Dauerhafte Form des Beifalls ist die Note Eins.

Da muß man schon Patina angesetzt haben, um hier ›Ungerechtigkeit‹ ausmachen zu können.

Für meine Kollegin Timm und mich, die wir beide unsere (Parallel-)Klassen in der skizzierten Weise beteiligten, war erstaunlich, daß die *Kinder* begannen, Autoren und ihre Leistungen nicht mit anderen, sondern mit sich selbst zu vergleichen. In der Parallelklasse war es Rüdiger, der die Fortschritte Einzelner hervorzuheben begann und damit einen allgemein geübten Brauch begründete: »So was hat die Andrea früher nicht gekonnt«; »Der Stefan schrieb früher immer ›und da, und da‹. Das hat er sich ganz abgewöhnt.« Individueller Lernfortschritt wird gemessen, und nur dieses Messen ist in der Grundschule vertretbar.

Die Kinder haben ein phantastisches Gedächtnis für die Geschichten ihrer Mitschüler. Mir scheint, sie sind für solche Beobachtungen individueller Entwicklungen geradezu prädestiniert. Im November schrieb Meike die Geschichte von einem kleinen Bären, der in den Wald zieht, sich dort einen Freund zu suchen (sieben Seiten, eng beschrieben). Im Mai schrieb Katrin ebenfalls die Geschichte eines kleinen Bären, der in den Wald zieht, sich einen Freund zu suchen (acht Seiten, eng beschrieben).

Ich hatte in meinem Kommentar Plagiats-Bedenken geäußert. Aber die Kinder waren überwiegend anderer Meinung: Sie erkannten die eigene Leistung an, weil viele Details anders herausgearbeitet seien als bei Meike. Das Verblüffende: Viele Kinder hatten viele Details noch parat! Und das, obwohl in den sechs Monaten seither ungezählte Geschichten vorgelesen und diskutiert worden waren! Dieses Vergleichen eines Autors mit seiner eigenen früheren Leistung fällt Kindern also durchaus nicht schwer.

Für Besucher (Eltern, Studenten) ist heute noch eindrucksvoll, solche Diskussionen im Anschluß an Geschichten-Vorträge zu verfolgen – gerade auch wegen der individuellen Bewertung durch die Kinder.

Es liegt am Lehrer, diese Einstellung zu verstärken oder zu wecken, etwa, indem er gelegentlich durch Vorlesen einer älteren Geschichte Lernfortschritte vor der ganzen Klasse aufzeigt.

Mir fällt das aus zwei Gründen leicht:

Ehe ich meinen Kommentar unter eine Geschichte schreibe, lese ich, wie erwähnt, auch meine Kommentare zu den vorigen und beginne meine Stellungnahme mit einem solchen Bezug. Die Kinder werden dadurch in ihrer Betrachtensweise bestärkt.

Mehr noch hilft mir die Tatsache, daß jedes Kind über ein anderes Thema schreibt. Wenn alle über einen Zoobesuch sich auslassen müssen, werden sie zu Miteinander-Vergleichen geradezu gedrängt. Wenn aber Iris von einer Waschlappenschlacht erzählt, Julia von einem bedrohlich wirkenden Mann im beigen Ford und Micha seine Diktatzensuren schriftlich verarbeitet, liegt solches Vergleichen fern; das Vergleichen verschiedener Arbeiten eines Autors miteinander liegt da viel näher.

Die Kinder urteilten ungerecht? Das Gegenteil ist richtig: Sie urteilen eher gerechter als der Lehrer.

- Die Kinder seien zu streng? Sie sind es nicht. Zwar klingt ihre mündliche Kritik oft harsch oder grob, weil sie die Zwischentöne noch nicht artikulieren können und Diplomatie bei vielen eine noch fremde Kunst ist. Sobald sie sich aber zu einer abschließenden Bewertung äußern sollen, zeigt sich ihr Respekt vor Mitschülern und deren Leistungen: Ich habe in meiner letzten Klasse nur selten erlebt, daß ein Kind für eine Geschichte eine ›Vier‹ vorschlug.
- Der Charakter der Zensur werde verfälscht? Gewiß. Aber was macht das, da ja die ganze Zensiererei von Aufsätzen Unfug ist? In unserem Alltag während des vierten Schuljahres hat sich eine

Dreiteilung der Bewertung herausgebildet, die ich nicht bewußt herbeigeführt habe: »tolle« »Klasse«-Arbeiten, »gute« Geschichten und »Es-geht-so«-Aufsätze. Sie entsprechen etwa den Zensuren Eins bis Drei. Ganz selten, wenn etwa Odo in aller Arglosigkeit nur zehn Zeilen fabrizierte oder Carsten ein paar langweilige Sätze aneinandergeklebt hat, heißt es: »Also ehrlich, da kann man eigentlich nicht mehr ›Drei‹ zu sagen.«
Vielleicht sind die Kinder schon mit einer Vierer-Skala überfordert. Mir scheint, daß eine Einteilung in gute, mittlere und schwache Leistungen ihnen möglich ist, eine weitere Differenzierung aber nicht.

- Ein Urteil durch Schüler berücksichtige wesentliche Kriterien nicht? Das Gegenteil ist der Fall. Von einigen ungewöhnlichen Kriterien, die Kinder selbstverständlich und überzeugend anwenden, war bereits die Rede. Bleibt zu bedenken, wie sie die *überkommenen* Kriterien anwenden.

Rechtschreiben: Da die Geschichten nur *vor*gelesen werden, spielt das Rechtschreiben bei der Bewertung durch die Hörer keine Rolle. Angesichts der nach so kurzer Trainingsdauer (höchstens drei Jahre) verständlichen Rechtschreibunsicherheit vieler Grundschulkinder sollte das auch für beurteilende Lehrer selbstverständlich sein.
Allerdings: Als Frank einmal ausgesprochen schluderig gearbeitet und sich erkennbar nicht darum gekümmert hatte, daß sein Rechtschreiben im Entwurf von mir korrigiert worden war, teilte ich das der Klasse mit und fand allgemeine Zustimmung für meine Ankündigung, die Zensur um eine Stufe herabzusetzen.
Grammatik: Gleichgültig, ob einige Psycholinguisten in Chomskys Gefolge recht haben (Unterschiede der sprachlichen Kompetenz sind genetisch bedingt) oder ob Peter Martin Roeders Meinung sich einmal bestätigen wird (die Unterschiede haben soziokulturelle Ursachen): so oder so muß undenkbar sein, die Grammatik von Grundschulkindern zu zensieren. Wer das tut, benutzt die Schule als ›Selektionsrampe‹.
Kinder nehmen Hinweise auf grammatische Verstöße zwar an, aber sie reagieren verstört und werden entmutigt, wenn sie für etwas mit schlechten Noten bestraft werden, das sie nicht ändern können.
Bewerten Schüler mit, spielt die Grammatik keine Hauptrolle. Regine hatte geschrieben: »Christine schrie *seine* Mutter an: »Immer weckst du mich zu spät, wenn ich zur zweiten Stunde in *der* Schule muß!«
Da muß ein Lehrer schon sehr souverän sein, eine solche »Katastrophe« von Satz ohne Prädikatsminderung hinzunehmen. Ganz

anders meine Viertkläßler! Sie erwähnten diese Schnitzer zwar ausführlich in der Diskussion, aber für ihre Bewertung der Geschichte spielten sie nur eine untergeordnete Rolle. Für die Kinder war viel wichtiger, ob ihnen das Zuhören Spaß gemacht hatte.
Am Hörvergnügen orientieren sich auch die weiteren Kriterien:
Verständlichkeit: Grundschulkinder sind sehr empfindlich, wenn sie irgend etwas nicht beim ersten Hören oder Lesen verstehen können.
Glaubwürdigkeit: Wer könnte in diesem Punkte über Kinder-Geschichten besser urteilen als die Kinder?
Lebendigkeit: Auch für dieses Kriterium sind Kinder ohne aufwendige Schulung kompetente Beurteiler.
Formaler Aufbau: Eine langweilige Einleitung (»Als wir einmal in Ferien waren, da . . . «), ein farb- und einfallsloser Schluß (»Und so endet die Geschichte«, »Und so ging ein schöner Tag zu Ende«) und ein fehlender Höhepunkt beeinträchtigen die Freude beim Lesen und Zuhören so stark, daß eine ›sehr gute‹ Beurteilung durch Kinder ausgeschlossen und eine ›gute‹ unwahrscheinlich ist. Schon Drittkläßler beginnen, die Kriterien des formalen Aufbaus in ihren Urteilen zu beachten. Für Viertkläßler ist das selbstverständlich.
Wie diese Kriterien aus dem Unterricht erwachsen und wie die Kinder mit ihnen umgehen, werde ich im nächsten Kapitel schreiben.
Dialektismen, Umgangssprachliches werden von den Kindern ausschließlich nach Treffsicherheit und Bildhaftigkeit beurteilt. Die ganze adrette Unfruchtbarkeit des Oberlehrer-Sprachgeschmacks (»Es heißt nicht ›kriegen‹ sondern ›bekommen‹!«) ist ihnen fremd. Nur, wenn Erwachsene sie Geschmack an Sprach-Nippes lehrten, wird ihr Urteil unsicher.

Nun wäre ein weiterer Einwand denkbar: Das Urteil der Kinder berücksichtigt nur die für sie faßlichen Kriterien.
Dazu muß gesagt werden, daß die hier vorgestellten schon ungewöhnlich differenziert sind. Die Vorschläge in der einschlägigen Literatur (Oswald Beck, Albrecht Weber) sind im Vergleich hierzu blaß.
Aber ich möchte auch mehr als die hier vorgestellten Kriterien nicht haben. Sie wären für Grundschulkinder nämlich nicht zu begreifen und anzuwenden. Das aber ist unerläßlich: Auch, wenn wir Kinder an der Beurteilung *nicht* mitwirken lassen, müssen sie dennoch verstehen können, warum sie eine bestimmte Zensur erhielten.
Siegfried Jäger will das quantitative Verhältnis der Wortarten zu-

einander, die Zahl der Silben pro Wort, die Zahl der Wörter pro Satz und ähnliche für Kinder unbrauchbare Kriterien anwenden und einen entsprechenden Katalog mit Hilfe von Linguisten, Psychologen, Soziologen und Mathematikern (!) erstellen (S. 68). *Der* Denkfehler in allen Überlegungen dieser Art scheint mir zu sein: Sie meinen, das Problem sei gelöst, wenn sie objektive, verläßliche, sichere Kriterien für die Qualität eines Aufsatzes hätten. Aber es ist völlig unerheblich, welche Kriterien der Beurteiler hat, wenn er sie dem Kind nicht einsichtig und anwendbar machen kann.
Alles, was die Adressaten zu seiner Geschichte sagen, muß das Kind verstehen können. Es muß verstehen können, warum seine Geschichte so und nicht anders auf Hörer wirkt, warum sie so und nicht anders beurteilt wird; es muß in der Lage sein, Verbesserungsvorschläge einsichtig anzuwenden.
Wenn das so ist, können Kinder auch an der Beurteilung mitwirken. Dann *sollen* sie es sogar.

Zusammenfassung

Das Problem der Beurteilung habe ich für mich so gelöst: Weil Zensuren weder objektiv noch gerecht sein können, verzichte ich auf das untere Drittel unserer Skala. Da Lehrer *und* Mitschüler Adressaten sind, beteilige ich die Kinder an der Beurteilung. Diese Beteiligung bringt Gesichtspunkte der Beurteilung ins Spiel, die Lehrer allein nicht (hinlänglich) berücksichtigen.
Die Frage, ob nicht in Schülerurteilen wesentliche Kriterien unbeachtet blieben, kann rundheraus verneint werden. Die Kinder wenden alle für sie faßlichen Kriterien an – und die sind sogar differenzierter als die meisten Vorschläge in der Literatur.

Kapitel 7: Zurückgeben

Rückgabe im Kreis

Die Rückgabe der Geschichten im Kreisgespräch halte ich – neben dem Schreiben selbst – für das wichtigste Stück des Geschichtenschreibens in meiner Klasse.
Gespräche und Diskussionen gibt es nicht nur bei Geschichten-Rückgaben, sondern täglich mehrmals zu allen möglichen Gelegenheiten über alle denkbaren Themen. Sie sind nicht geplant, sondern ergeben sich. Diese Gepflogenheit setzt eine geeignete Sitzordnung voraus.
Die Anordnung der Möbel in Reih und Glied verbietet sich ohnehin, weil sie den Lehrer als omnipotenten Regisseur verlangt und das Miteinandersprechen nicht begünstigt, sondern verhindert. Aber auch die vielfach als »modern« angesehene Ordnung der Tische in Gruppen halte ich für nur eine Unterrichtsform geeignet: Lernen in Gruppen. Für alle anderen Organisationsformen des Unterrichts ist diese Ordnung weniger geeignet. Mehr noch: Sollen Lehrer und Kinder oft miteinander reden, stehen dieser Absicht die Gruppentische sogar entgegen, weil viele Kinder voneinander abgewandt sitzen.
Für nur theoretisch überzeugend halte ich den Einwand, Schülermöbel könnten jeweils nach den wechselnden Erfordernissen geordnet werden. Ich habe noch nie erfahren, daß ein Kollege dieses Konzept über eine lange Zeit verwirklicht hätte.
Ich halte es für ein unzweckmäßiges Kunststückchen, zu bestimmten Gelegenheiten die Kinder einen sogenannten Gesprächskreis bilden zu lassen. Diesem Verfahren liegt die Meinung zugrunde, Miteinandersprechen erfordere einen Gesprächskreis. Dagegen ist ja nichts zu sagen. Aber dann muß man auch konsequent sein und zugeben: Wird dieser Kreis nicht gebildet, ist eben auch Miteinandersprechen erschwert oder gar nicht möglich.
Wenn aber erstens Gespräche die Kreisform verlangen und zweitens diese Kreise nur selten gebildet werden, dann folgert daraus: Gespräche und Diskussionen finden während der meisten Unterrichtszeit nicht statt.
Damit ist die Kreisbildung zum Zwecke des Gesprächs auf ihr

wahres Maß zurechtgestutzt: Sie ist bloß eine Demonstration. Sicherlich ist es sehr eindrucksvoll, wenn in einer wohlgeübten Klasse die Kinder diesen Kreis besonders flott und leise bilden. Ein Zeichen für »modernen« Unterricht ist das aber sicherlich nicht.
Wem es mit der vielbeschworenen Kommunikation ernst ist, der muß auch seine Tische und Stühle so ordnen, daß Kommunikation aller am Schulleben Beteiligten *jederzeit* möglich ist; mehr noch: provoziert wird. Nur, wenn die Sitzordnung Kommunikation *jederzeit* zuläßt, kann Kommunikation stattfinden, wenn ein Bedürfnis besteht.
Täglich ergibt sich mehrmals die Notwendigkeit, Rede und Gegenrede zu führen, Probleme zu erörtern, zu fragen und verschiedene Antworten gemeinsam zu prüfen. Da kann man nicht jedesmal Stühlchen schleppen. Man tut es auch nicht. Der Lehrer tut es nur dann, wenn er den Anlaß für gewichtig genug hält, einen solchen Aufwand zu betreiben. Das aber heißt: Kommunikation findet nicht statt, wenn Interessen und Bedürfnisse sie erfordern, sondern wenn der Lehrer sie anordnet.
Nach meiner Erfahrung gibt es nur eine Sitzordnung, die Miteinandersprechen zum selbstverständlichen Bestandteil des ganzen Schultags zu machen erlaubt. Diese Sitzordnung ist das Viereck oder der Kreis. Wohlgemerkt: Wir ordnen Tisch und Stühle nicht für diesen Zweck, sondern sie stehen *immer* in dieser Formation.

Wilhelm Gössmann 1976 über die Funktion der Mitschüler

»Die Bedeutung der Mitschüler bzw. der Klasse für das schriftliche Arbeiten kann man zunächst unter dem Gesichtspunkt von Kreativität und Ich-Entwicklung in der Gruppe betrachten. Psychologische Untersuchungen haben erbracht, daß die Ich-Struktur eines Menschen sich in der Kommunikation zwischen dem Individuum und der Gruppe ausbildet. Auf die Schulsituation angewandt: was der Schüler schreibend äußert, steht im Zusammenhang mit dem, was in der Gruppe geleistet wird. Dies betrifft nicht so sehr die Meinung, die der einzelne Schüler hat, als vielmehr die Resonanz, die das von ihm Geschriebene findet. Zustimmung, Ablehnung, Kritik tragen dazu bei, daß er sich besser artikulieren kann, daß eine gegenseitige Förderung stattfindet.
Auch beim schriftlichen Arbeiten spielen sich fortlaufend gruppendynamische Prozesse ab, die sich im Normalfall positiv auswirken . . . « (S. 63)

Auch also, wenn wir einander unsere Eindrücke von Geschichten mitteilen und unsere Meinungen diskutieren, können wir das jederzeit ohne Vorbereitung tun. Wir sind nicht darauf angewiesen, in bestimmten Stunden Geschichten zurückzugeben und uns dafür parat zu setzen. *Auch* so können wir es tun; darüber hinaus aber, wann immer sich eine Gelegenheit bietet: Wir haben noch zehn Minuten Zeit bis zur Pause, Zeit genug für eine Geschichte. »O ja!« freuen sich die Kinder.

Allerlei Rituale

In jeder Klasse bilden sich neue Rituale der Rückgabe heraus. In meiner jetzigen gehört zu den Ritualen, daß ich jene Hefte, die ich bereits gelesen und schriftlich kommentiert habe, vor mich lege und ihre Anzahl nenne. Eines der Kinder sagt dann jeweils eine Zahl, die besagt, das wievielte Heft an der Reihe sein soll. Ich halte das nicht für wichtig, aber für die Kinder ist es ein interessantes und stets mit großem Vergnügen aufgenommenes Spiel. Es wird so lange fortgesetzt, bis alle Geschichten, die ich an jenem Tage mitbrachte, vorgelesen und erörtert wurden – oder bis wir der Sache überdrüssig sind oder bis die Pausenschelle noch Verlockenderes als Geschichtenlesen ankündigt.
Der jeweils so benannte Autor entscheidet, ob er seine Geschichte selbst vorlesen will oder ob ich sie vorlesen soll. Viele – sonderlich die weniger gewandten – Schreiber wünschen mich als Vorleser, weil sie aus Erfahrung wissen, daß ich auch weniger gelungene Geschichten durch guten Vortrag für die Zuhörer attraktiver und somit gleichsam ›über Wert‹ darbiete.
(Während ich dies schreibe, fällt mir ein, es könnte förderlich sein, den ›Kandidaten‹ einige Tage vorher ihre Geschichten zu geben, damit sie zu Hause attraktives Lesen üben und ihre Geschichten grundsätzlich selbst vorstellen können. Sie würden bei diesem Verfahren wohl auch meine Kommentare *noch* gründlicher lesen und bedenken.)
Jede Geschichte wird nur einmal vorgelesen und damit in der Klasse zur Diskussion gestellt.
Zu den Ritualen in meiner derzeitigen Klasse gehört auch, daß das Wort einmal im Viereck reihum wandert. Nach mancherlei wenig befriedigenden Erfahrungen mit anderen Vorgehensweisen möchte ich dieses Ritual auch in späteren Jahren beibehalten. Anders nämlich ist die zeitliche Beschränkung in einer für Kinder einseh-

baren Weise schwerlich zu verwirklichen. Wird die Diskussion ohne eine solche Regel geführt, brauchen wir für einzelne Geschichten eine halbe Stunde, und mit hitzigem Eifer wird über Banalitäten gestritten, und das gefällt nur den Streitenden, während die anderen ›abschalten‹.
Die meisten Geschichten haben einige markante Passagen, die zu Widerspruch oder Zustimmung reizen. Jene Kinder, die zuerst das Wort erhalten, haben den Vorzug, sich zu ihnen äußern zu dürfen. Andere, die später drankommen, müssen auf eine Meinungsäußerung verzichten, wenn sie nicht bereits Geäußertes bloß wiederholen wollen. Um möglichst alle Kinder in den Genuß kommen zu lassen, sich mit solchen ergiebigen Themen befassen zu dürfen, beginnt die Wanderung des Wortes an stets wechselnden Stellen im Kreis: Mal beginnt Alex vorne rechts, mal Petra in der Mitte, mal Simone vorne links. . .
Wer sich äußern will, meldet sich. Dann kann er sicher sein, daß das Wort beim Umlauf im Kreise auch an ihn gelangt. Wer sich nicht meldet, wird bei diesem Umlauf übergangen.
Jeder kann sich zu jeder Geschichte nur einmal äußern, aber bei spontanen Einwürfen sind wir nicht kleinlich. Der Autor hat jederzeit das Recht zur direkten Erwiderung.
Ich habe inzwischen gelernt, der Versuchung zu widerstehen, auf einzelne Kinderäußerungen, die ich für falsch oder besonders ertragreich halte, korrigierend oder verstärkend zu reagieren. Zunächst reden nur die Kinder, und mein einziger Beitrag besteht darin, daß ich das Wort wandern lasse und die nächsten Diskussionsredner aufrufe. Oft sagen die Kinder soviel Bedenkenswertes, daß ich darauf verzichte, auch noch meine eigene Meinung zu sagen, auf Dinge hinzuweisen, die sie übersehen haben oder noch nicht erkennen können. Für den Autor ist das nicht nötig, denn dem habe ich ja meine Meinung bereits schwarz auf weiß ins Heft geklebt. Er kann sie nachlesen und liest sie nach. Die zuhörende Klasse aber kann mehr als die Kinderbeiträge oft nicht verarbeiten.

Anjas Geschichte

Gestern habe ich den Kindern versprochen, für die ›Geschichten-Diskussion‹ endlich mal wieder eine ganze Schulstunde anzusetzen. Heute bringe ich sechs Hefte mit. Ich will versuchen, sie alle in dieser Stunde zurückzugeben.

Ich setze mich in den Kinderkreis und nenne die Namen der heute zur Diskussion anstehenden Autoren: Arne, Anja, Guido, Bärbel, Jutta und Vici. Die Kinder setzen sich neugierig und gespannt zurecht. Arne lächelt stolz. Ich habe ihm seine lange Geschichte und meinen Kommentar schon gestern zu lesen gegeben, damit er beides in Ruhe bedenken kann; er weiß also, daß ihn Erfreuliches erwartet.
Ich mische die Hefte hinter dem Rücken. Steffi darf wählen. »Vier!« sagt sie. Ich hole die Hefte hinter dem Rücken hervor, sortiere nun laut lesend: »Es ist nicht der Guido, es ist nicht der Arne, die Jutta auch nicht – aber Anja!«
Die Spannung löst sich. Für ein paar Augenblicke wird es laut in der Klasse.
»Willst du lesen?« frage ich die Autorin. Sie schüttelt den Kopf. Ich lese also Anjas Geschichte. Sie folgt hier samt protokollierter Diskussion.

Beim Flöten

Anja:
»Ha, guck mal, da ist Iris' Bruder!« sagte Simone S. plötzlich im Flötenunterricht. Simone sah ihn durch ein kleines Fenster. Iris' Bruder schnitt lauter Grimassen, so daß man gar nicht flöten konnte. Frau Dicke, unsere Flötenlehrerin, stand auf und deckte das Fenster mit einem Pappdeckel zu. Als wir dann ein paar Lieder geflötet hatten, machte es: Plumps! und der Deckel war runtergefallen.
»Ha, ha, ha!« lachten wir alle. Ich stand auf, um das Fenster wieder zuzudecken. Als ich damit fertig war, machte es wieder: Plumps! und der Deckel war wieder unten.
Alle lachten, und ich ärgerte mich, weil der Deckel wieder runtergefallen war.
Iris' Bruder war sofort zur Stelle und schnitt wieder Grimassen.
»So, jetzt reicht es mir!« sagte Frau Dicke wütend und stand wieder auf. Iris' Bruder bekam es mit der Angst zu tun und rannte weg. Frau Dicke setzte sich noch einmal. Dann flöteten wir ungestört weiter.

Die Zuhörer klatschen. Das hat sich so eingebürgert. Ich weiß noch, wie diese Sitte begann: Katrin hatte eine hinreißend spannende und lange Geschichte geschrieben, auf die ihre Zuhörer mit spontanem Beifall antworteten. Später behielten sie diese Sitte bei, und weil sie die Autoren unzulänglicher Geschichten nicht bloßstellen wollen, klatschen sie nun bei allen. An Grad und Dauer des Beifalls höre ich, wie eine Geschichte ›angekommen‹ ist. Diesmal ist der Beifall etwa durchschnittlicher Art.

Diskussion über Anjas Geschichte

Noch während des Klatschens gehen die ersten Finger in die Höhe.

Ich: »Arne, fang bitte an!«

Arne: »Etwas langweilig, finde ich.« Er verschränkt die Arme. Mehr will er nicht sagen.

Mein Finger weist auf Christian, meist »Mini« genannt.

Mini (*an Anja*): »Was machte denn da plumps?«

Anja: »Das hab ich doch geschrieben: der Deckel, der runterfiel.«

Mini: »Welcher Deckel? Es gibt viele Deckel!«

Lehrer: Liest die Stelle vor.

Mini: »Ach so!«

Das Wort wandert zu Golo.

Golo: »Ich hab nicht mitgekriegt, wozu der Deckel da war.«

Anja: »Also, wenn der Deckel vor dem Fenster ist, kann man ja nicht mehr durchgucken, nicht?«

Golo: »Ach so. – Und dann noch was: Dauernd heißt es ›plumps‹! Und außerdem bin ich auch der Meinung von Arne: ziemlich langweilig.«

Alex: »Ich hab das nicht ganz verstanden. Ist der Deckel zweimal gefallen?«

Anja: »Natürlich!«

Annette: »Die Geschichte heißt ›Vom Flöten‹. Ich finde, vom Flöten ist gar nicht die Rede. Vom Pappdeckel steht da mehr als vom Flöten.«

Mini (*mischt sich spontan ein, obwohl er das Wort schon hatte*): »Die Geschichte müßte heißen: Der Pappdeckel am Fenster!«

Nun ist das Wort bei Anja. Sie sagt: »Mir ist aufgefallen, daß ich zuviel ›wieder‹ geschrieben hab.«

Lehrer: Liest das Mittelstück vor, damit die Kinder ihre Ohren schärfen können.

Dann ist Bärbel an der Reihe: »Anja, du hast auch immer so oft ›Deckel‹ geschrieben!« Zum Lehrer: »Liest du bitte noch mal in der Mitte, wo der Deckel zum zweitenmal runterfällt?« (*Lehrer liest.*) »Ja also: ›Ich ärgerte mich, weil der Deckel wieder runtergefallen war‹. Das ist überflüssig. Das ist doch klar, warum sie sich ärgert. Das hört sich langweilig an.« (*Zu Anja:*) »Du hättest bloß schreiben können: ›Ich ärgerte mich‹.«

Anja: »Nein, denn dann könnte man ja glauben, daß ich mich ärgerte, weil alle lachten!«

Katrin (*Mitflöterin*): »Ich weiß zwar, was die Anja meint, aber das ist kein Fenster zur Straße raus. Das ist ein Fenster zwischen zwei Räumen.«

Einwurf von Arne: »Das können *wir* doch nicht wissen!«

Anja: »Aber wie soll man das denn formulieren? Wenn ich das geschrieben hätte und ihr hättet es nicht verstanden, das wäre ja noch schlimmer gewesen. Dann hättet ihr auch gemeckert. Und außerdem halte ich das für unwichtig.«

Katrin: »Du hättest ja schreiben können: ›Das Fenster zum Nebenraum‹.«

Anja zuckt die Schultern und legt den Kopf schief.

Jens: »Jetzt versteh ich die Welt nicht mehr. Das ganze Durcheinander mit Pappe und Fenster! Als Sie die Geschichte vorgelesen haben, hab ich alles verstanden. Aber die machen einen mit ihren Kleinigkeiten richtig rammdösig. Also, mir hat die Geschichte gefallen. Die Anja hat auch Spezialwörter gebraucht, zum Beispiel ›Grimasse‹ und ›ungestört‹.«

Christian: »Ich fand's aber langweilig.«

Iris: »Anja, das war gar nicht mein Bruder!«

Chor der Flöten-Mädchen: »Doch!«

Jens ruft dazwischen: »Hört doch endlich auf mit diesen Kleinigkeiten! Da wird man ja schwindelig von!«

Es wird wieder laut.

Lehrer: »Steffi hat das Wort!«

Steffi: »Warum setzte sich Frau Dicke noch einmal?«

Anja: »Weil sie weiterflöten wollte. Oder denkst du, die wollte hinter Iris' Bruder herrennen?«

Christiane: »Ich fand das überhaupt langweilig. Da war doch nichts Besonderes dran.«

Petra (*zum Lehrer*): »Lesen Sie bitte die ersten drei Sätze?«

Der Lehrer liest sie vor.

Petra: »Ja. Erst im zweiten Satz steht, daß er durch ein kleines Fenster guckt.«

Anja: »Ich wollte den Anfang spannender machen. Außerdem mußte ich ja erst mal schreiben, wo die Geschichte spielt.«

Iris: »Da hat sie recht.«

Sven: »Anja, du sagst, du willst den Anfang spannend machen. Aber er ist nicht spannend. Ich find ihn etwas unverständlich.«

Oli: »Ich find den Anfang klasse. Ich find ihn *doch* spannend. Guck mal (*er wendet sich an Sven*), sie schreibt nicht: ›Als wir einmal Flötenunterricht hatten‹ oder so, nicht? Das wäre doch langweilig. Ich meine, ich find' die wörtliche Rede gut. Da hat man richtig Lust, noch mehr zu hören.«

Micha: »Mini, du hast soeben gesagt, die Überschrift würde nicht stimmen. Aber guck mal hier, das ist doch alles in der Flötenstunde. Also stimmt die Überschrift!«

Mini: »Ja, aber sie schreibt ja nicht vom Flöten!«

Micha: »Doch. Sie schreibt, was beim Flöten passiert ist. Sie kann ja nicht ›düdeldüdeli‹ schreiben, oder?«

Marion D.: »Warum kann man nicht weiterflöten, wenn ein anderer Grimassen schneidet?«

Anja: »Das ist doch klar: Dann schielen wir immer zu ihm hin und sehen nicht die Noten und müssen dauernd lachen.«

Marion: »Dann hättest du schreiben können, daß ihr vor Lachen nicht weiterflöten konntet.«

Marion K.: »Erstens will ich dem Mini antworten: Es steht ja *Beim* Flöten und nicht *Im* Flöten. Zweitens, sie hat geschrieben: ›das Fenster zudecken‹. Das find ich gut ausgedrückt. Drittens will ich noch was zum Oli sagen: Sie hat mit wörtlicher Rede angefangen. Das fand ich auch gut.«

Sechs Minuten sind vergangen. Sechzehn der anwesenden dreißig Kinder haben ihre Meinung gesagt. Damit bin ich zufrieden. Meist sind es mehr, doch diese Geschichte war für Anjas Verhältnisse eher farblos, reizte kaum zur Zustimmung und wenig mehr zur Kritik. Aber nun ist es an der Zeit, den insgesamt eher negativen ›Nachgeschmack‹ zu korrigieren, denn ich halte Anjas Geschichte für ordentlich, wenn auch nicht für überragend. Ich stelle zusammenfassend klar: Anja wollte einen langweiligen Anfang vermeiden. Das ist ihr gelungen, aber ein wenig auf Kosten der Verständlichkeit. (In diesem Punkt sind die Kinder unerbittlich: Regel 2 – »Schreibe so, daß der Leser alles mühelos versteht« – ist die wichtigste.) Dann lese ich vor: »Iris' Bruder war sofort *zur Stelle* und *schnitt* wieder *Grimassen*« und lobe Anja für diesen Satz.

Nun reden wir über die Zensur. Vielen Kindern hat die Geschichte nicht sonderlich gefallen. Dafür war ihr Inhalt nicht attraktiv genug. Die Tendenz ihrer Urteile hat sich schon in der Diskussion herausgebildet: Eine Eins kommt nicht in Frage, eine Vier auch nicht. Die Wahl wird zwischen Zwei und Drei liegen. Die meisten Vorschläge lauten denn auch auf Zwei minus. Müßte ich allein urteilen, würde ich auf das Minus sicherlich verzichten, weil ich Anjas Leistung mit den Leistungen ihrer Mitschüler vergleichen würde. Tatsächlich hat sie aber eine für ihre Verhältnisse eher schwache Geschichte geschrieben. Und ich kann auch nicht übersehen, daß sie ihre Adressaten nicht zufriedengestellt hat. So schließe ich mich dem Vorschlag der Kinder-Mehrheit an und schreibe die Zensur unter meinen Kommentar. Anja ist's zufrieden, erhält ihr Heft zurück und beginnt sofort, meinen Kommentar zu studieren. Eine ›Berichtigung‹ wird sie nicht schreiben. Ich sehe nicht, wel-

Die Klasse als Publikum

Alexander Ehrenfeld, 1899

»Darum muß bei allen Redeübungen der Redner zu den Hörern in Beziehung gesetzt werden, sie sind nicht Schüler, sie sind Publikum. Und am Ende des Vortrages verwandeln sie sich in Kritiker« (S. 114).

Adolf Jensen und Wilhelm Lamszus, 1913:

»Ehemals schrieb der Schüler seinen Aufsatz für den Lehrer. Der Lehrer war sein Publikum. Und diesem Publikum, das alles, was der Schüler sagen wollte, längst schon wußte und dazu noch alles besser wußte, was sollte er diesem Publikum wohl groß zu sagen haben . . .
Der neue Aufsatzschüler spricht zu seinesgleichen. Er schreibt seinen Aufsatz für die Klasse . . . Er hat seinen Kameraden etwas Neues zu sagen und steht vor der Klasse wie der Schriftsteller vor seinem Volke. Nicht mehr im Aufsatzheft wird sein geistiges Eigentum begraben, sondern der Aufsatz wird vom Schüler vorgelesen, vorgetragen: er wird zum geistigen Eigentum der Klasse« (S. 29)

Paul Georg Münch, 1923:

»Ein Kind braucht das Echo eines Publikums von seiner Art, von seinem Wuchs und Wesen! Ein Kind muß zu Kindern sprechen« (S. 68).
»Kinder sind scharfe Kritiker. Ihr Urteil über den Aufsatz des Mitschülers ist deshalb so wichtig, weil kindliche Kritik trotz ihrer derben Offenheit nicht verletzt. Kinder verstehen einander« (S. 71)

chen Lernerfolg die bewirken könnte. Das war offenbar schon im vorigen Jahrhundert so. Alexander Ehrenfeld meinte: »Gewöhnlich malen die Schüler ihre Verbesserungen mechanisch auf die zu diesem Zweck freigelassene Seite, um das nächste Mal beruhigt weiter zu sudeln« (S. 111).
Berichtigungen halte ich nicht nur für nutzlos, sondern sogar für schädlich. Die Geschichte wurde bereits zweimal geschrieben, von mir korrigiert und kommentiert, in der Klasse diskutiert und schließlich von uns allen zensiert. Der Gang der Dinge ist für

Otto von Greyerz, 1914:

». . . die Klasse ist doch die natürlich gegebene Zuhörerschaft für die schriftlichen Arbeiten so gut wie für die Vorträge unserer Schüler . . . (S. 350f.)
Die Schülerarbeit wird nicht für den Lehrer gemacht, sondern für den Schüler selbst und seine Klassenkameraden. Sie soll kein hochnotpeinliches Probestück, noch weniger ein Glanz- und Paradestück sein, sondern ein Versuch des Schülers, sich selbst zu fördern und den Kameraden etwas Interessantes und Erfreuliches darzubieten« (S. 363).

Fritz Gansberg, 1914:

»Es liegt auch im Wesen des freien Aufsatzes, daß die Schüler in der Hauptsache für die Mitschüler und nicht für den Lehrer schreiben« (S. 368).

Sigismund Rauh, 1923:

». . . der wahlfreie Aufsatz hat nicht nur einen natürlichen Entstehungsgrund im echten Schreibwillen, er hat auch infolgedessen einen natürlichen Zweck, er wendet sich wirklich an einen Leserkreis. Der aber ist die Klasse« (S. 327).
»Es fehlt ja doch hier die beim Themaaufsatz gegebene gemeinsame Grundlage. Deshalb wird wenn eben möglich jeder Aufsatz der Klasse vorgelesen. Der Klasse – nicht dem Lehrer. Darum tritt der Vorlesende vor die Klasse, der Lehrer geht beiseite« (S. 328).

Kinder unmittelbar einleuchtend; ein Schritt folgte beinahe zwangsläufig auf den anderen. Die Berichtigung aber hat keine Funktion mehr im Ablauf, die Kindern einsichtig wäre. Kein Kind wird deshalb eine Berichtigung aus innerem Antrieb schreiben. Es ist bloß lästige Pflichterfüllung, die geeignet ist, Unwillen zu erzeugen. Schreiben aber muß mit Freude verbunden sein.
Obendrein sind Berichtigungen für mich auch lästig. Denn wer Berichtigungen schreiben läßt, muß sie auch nachsehen. Etwas Sinnloses auch noch auf seine Richtigkeit prüfen – das ist zuviel verlangt.

Wer die Klasse als Publikum in ihre ›natürlichen‹ Rechte einsetzt, muß zwangsläufig auch die Urteile dieses Publikums akzeptieren.
Und wer das Publikum ernst nimmt, der muß auch dem Autor das Recht einräumen, so zu schreiben, daß es dem Publikum gefällt. Sigismund Rauh schrieb das schon 1923: »Wie wirkt man am besten auf seine Hörer? Das ist der wirkliche Zweck aller Schreibfertigkeit und der wirkliche Zweck des wahlfreien Aufsatzes« (S. 329).
In der wiedergegebenen Diskussion ist deutlich geworden, daß die Kinder sich bei ihrem Urteil an bestimmten Kriterien orientieren. Es ist nun Gelegenheit, dieses am Ende des vorigen Kapitels angesprochene Problem zu vertiefen.
Kinder fragen bei der Beurteilung einer Geschichte: Hat das Zuhören oder Lesen Spaß gemacht? Wichtigstes Kriterium für Lese- und Hörvergnügen ist der Inhalt.
Mangelnde Glaubwürdigkeit einer Geschichte fällt schwerer ins Gewicht als unbeholfene Form. Inhaltlich spannende Geschichten akzeptieren Kinder auch, wenn sie nicht sonderlich spannend erzählt sind, wenn also Inhalt und Form keine Einheit bilden. Christian schrieb diese Geschichte:

Eingebrochen
Christian:

Wir fuhren zu Oma und Opa. Sie waren gerade aus den Ferien gekommen. Als wir auf den Parkplatz fuhren, stand Opa draußen. Mama sagte: »Da ist was passiert!«
Wir stürzten raus aus dem Wagen. Mein Bruder schrie: »Hallo, Opa!« Opa sagte: »Kommt mal rein ins Haus.«
Als ich reinging, dachte ich, ich wär durch den Keller gegangen. Hier lag was und da lag was. Die Tür war kaputt. Meine Oma sagte nur: »Hier ist eingebrochen worden.«

Ich dachte nur an meine Eisenbahn. Die hatte ich vor ein paar Wochen eingepackt und hatte sie in eine Kammer gestellt.
Alle Schränke waren ausgeräumt.
Mein Vater sagte: »Ich glaube, es waren Diebe da. Die haben ganz schön ausgeräumt.«
Da kam auch schon die Kriminalpolizei.
Ich wollte gerne nach meiner Eisenbahn suchen. Da sagte Oma: »Kommt doch gleich noch mal wieder.«
Wir fuhren. Nach einer Stunde rief Oma an, wir könnten wiederkommen. Wir fuhren wieder.
Jetzt guckte ich nach meiner Eisenbahn. Ich fand sie nicht. Ich ging zu Oma. Sie sagte: »Komm mal mit. Ich such mit dir.« Sie suchte nicht lange, da fand sie den Karton. Aber meine Lok war nicht drin. Wie die vielen, vielen anderen Sachen war sie auch gestohlen.

Viele Kinder der Klasse hätten diesem spannenden Inhalt eine noch angemessenere Form geben können. Dennoch plädierten, als wir über die Bewertung sprachen, mehrere Kinder für ›sehr gut‹. Wir einigten uns schließlich auf ›gut‹ und gaben noch ein ›Plus‹ drauf, denn »so eine spannende Geschichte hat der Chris noch nie geschrieben.«
Gleichfalls hoch im Kurs stehen lustige Geschichten. Eine einzige lustige, belustigende, spaßige, erheiternde Wendung erhöht schon merklich das Hör- und Lesevergnügen. Gelegentlich werden aber auch traurige Geschichten hoch bewertet (Bärbel einmal: »Da hätte ich richtig bei weinen können«).
Kurz: Immer dann, wenn Kinder beim Lesen oder Hören der Erlebnisse des Autors intensive eigene Erlebnisse hatten, urteilen sie positiv. Die Form rangiert an zweiter Stelle.
Valentin Merkelbach nennt die alte Forderung nach spannender Darstellung und das Urteil, ein Aufsatz sei ›langweilig‹, »geschmäcklerisch« (S. 13). Er irrt. Die Forderung nach spannender Darstellung ist nicht geschmäcklerisch, sondern sie ist die Forderung nach *kindgemäßer* Darstellung. Nichts steht bei Kindern höher im Kurs als eben die ›Spannung‹, kein Verdikt ist so vernichtend wie ›langweilig‹. Als ›langweilig‹ geltende Bücher in der Klassenbücherei sehen am Jahresende aus wie neu. (Es sind erstaunlich viele ›gute‹ Kinderbücher darunter.) Bücher, welche die Mundpropaganda der Klasse als ›spannend‹ rühmt, müssen schnell um weitere Exemplare ergänzt werden.
Das sind mit Sicherheit keine von Erwachsenen an die Kinder herangetragenen Maßstäbe. Vielmehr weiß jeder erfahrene Lehrer:

Diese Kriterien sind schon beim ersten selbständigen Erlesen der Kinder ihre Kriterien. Sie zu respektieren ist nach meiner Überzeugung selbstverständliche Pflicht jedes Lehrers, der sich zum Ziel gesetzt hat, ein Fundament aus Freude zu legen.
Der Inhalt also ist für die Kinder wichtigstes Kriterium. Je mehr aber ihre Erfahrungen wachsen, desto größer wird auch ihre Wertschätzung der Form. Diese Wertschätzung übernehmen sie nicht vom Lehrer, sondern es ist *ihr* Interesse und Bedürfnis, die Form zu beachten.
So wächst dieses Interesse allmählich in den Schulstunden: Jedes Kind will spannend schreiben, lebendig, lustig, traurig . . . Denn jedes will ja Anerkennung seiner Leistung erleben.
Aber warum gelingt es Julia – und Manfred nicht? Nach den ersten Donnerstags-Schwimmstunden schrieben die Kinder wie besessen ihre Schwimm-Erlebnisse nieder. Manche Geschichten lösten Begeisterung beim Publikum aus, manche wirkten steif und langweilig. Warum ist die eine Geschichte spannender als die andere, lebendiger? Warum hört man ihr lieber zu? Inhaltlich ähneln die Geschichten einander stark. Am Inhalt kann es also nicht liegen. Was hat Julia anders gemacht als Manfred?
Diese Frage in diesem Unterricht ist tatsächlich eine Frage der *Kinder.*
»Die Julia hat ganz viel wörtliche Rede gebraucht«, sagt Kerstin. »Da kann man sich richtig vorstellen, wie das war.« Pumi: »Das hört sich nicht so langweilig an wie ›und da, und da‹!«
Christian: »Aber Manfred auch! Guck doch mal: Da ist doch praktisch die ganze Geschichte bloß wörtliche Rede!« Ich lese Manfreds Geschichte noch einmal vor:

Völkerball
Manfred:

Einmal, als wir Sport hatten, da kam ich gerade aus der Tür. Micha rief: »Manfred!«
Plötzlich kam auch Golo. Golo sagte: »Spielst du mit?« Ich sagte: »Ja, was spielt ihr denn?«
Micha rief: »Völkerball!«
Golo sagte: »Völkerball ist doof.«...

Die Kinder hören: Auch Manfred hat sich Mühe gegeben. Aber trotz der vielen wörtlichen Rede klingt seine Geschichte steifer, langweiliger. Warum?

Meike: »Da steht zu oft ›sagte‹.«
Dieses Problem ist allen vertraut. Aber die hier entscheidende Rolle des Begleitsatzes verstehen sie nicht.
Und hier hat der Lehrer als Ratgeber und Helfer: als Lehrender seinen Platz. Heinrich Scharrelmann beschrieb diese Aufgabe des Lehrers 1914 in der Zeitschrift »Der Säemann« so: »Das Mitteilen ist allerdings die erste und fundamentalste Aufgabe des Aufsatzunterrichts. Aber *wie* ich etwas sage, ist genauso wichtig, wenn nicht noch wichtiger, als *daß* ich etwas sage ...
Da liegen erst die feinsten Aufgaben des Aufsatzunterrichts, daß der Schüler vom Lehrer Fingerzeige erhält, wie er seine Sache wirkungsvoller darstellen kann« (S. 447).
Die Kunst des Lehrers besteht nun nicht mehr in kunstvoller Planung, sondern er muß die Gelegenheit unaufdringlich, knapp und ohne Schulmeisterei nutzen: Die Kriterien für eine ansprechende Form der Geschichten erwachsen allmählich aus dem Unterricht. Walter Kempowski beschreibt diese nicht auf den Aufsatzunterricht beschränkte Kunst so: »Ich sehe, hier ist ein Interesse der Kinder vorhanden, hinter dieses Interesse muß ich mich klemmen ... Ich muß der aufgeworfenen Kinderfrage mein Sachwissen und meine Erfahrung unterschieben« (S. 4).
Ich zeige nun den Kindern an Tafel und Projektor die je verschiedene Stellung des Begleitsatzes.
In den nächsten Tagen, wie es sich gerade ergibt, nutze ich andere Gelegenheiten, dieses Problem zu demonstrieren.
Die Kinder freuen sich, ein Mittel zur Gestaltung spannender, lebendiger Form kennengelernt zu haben. Eine Zeitlang wenden sie es übertrieben oft an. Das macht nichts.
Valentin Merkelbach behauptet, es handele sich bei ›spannend‹, ›lebendig‹, ›treffend‹ usw. um Kriterien der bürgerlichen Ästhetik und Moral, und wenn die im Spiele seien, würden Arbeiterkinder benachteiligt. Er nennt diese Kriterien in einem Atemzug mit schwafligen anderen wie ›fließend‹, ›mitschwingend‹, ›freiströmend‹, ›Reife‹, ›Abgerundetheit‹, ›lebhaftes Gefühl für das Wesen und den Wert der Dinge‹, usw. Das alles wirft er in einen Topf und nennt es »Mischmasch aus ästhetischen, linguistischen und moralischen Beurteilungskriterien« (S. 14), und der sei spracherzieherisch fatal.
Für fatal halte ich Merkelbachs Kahlschlag. Es fällt aber schwer, mit ihm darüber zu diskutieren, weil er nicht zu erkennen gibt, was er seinen Schülern, so er sie hätte, sagen würde, wenn sie »Spannendes« verlangen.
Die Kriterien der Form werden nicht ›erarbeitet‹. Nie ist der

Lehrer (»Heute wollen wir . . .«) der Initiator. Sondern stets werden sie wie nebenbei angesprochen, und stets gehen die Anstöße von den Kindern aus.
Wie ich sie nutze, will ich nun an Beispielen zeigen.
Corinna schreibt, sie und Meike hätten sich vor einem vermeintlichen Verbrecher »hinter dem Plakat« versteckt. Mehrere Zuhörer beklagen die mangelnde Anschaulichkeit dieser Stelle. Corinna erklärt, es sei die Plakatwand an der Wettinerstraße gewesen.
»Dann mußte das eben schreiben!« sagt Arne.
Der Zufall will es, daß in dieser Stunde auch eine Arne-Geschichte vorgestellt wird. Arne ist ein exzellenter Erzähler, aber das Problem, den unterschiedlichen Steigungsgrad zweier Bergpfade knapp und zugleich anschaulich zu beschreiben, hat er nicht gelöst: »Der eine Weg führte steil rauf, der andere gerade rauf.«
»Na ja«, grient Sven, »besonders gut vorstellen kann man sich das ja auch nicht gerade.«
Arne beginnt zu erklären, was er gemeint habe. Darauf Corinna: »Dann mußte das eben schreiben!«
Als Siegfried Jacobsohn eine Stelle in einem Manuskript Kurt Tucholskys »wolkig« nannte, erläuterte dieser, was er gemeint habe, und schloß: »Das wollte ich sagen.« Darauf Jacobsohn: »Dann sags«. Später bekannte Tucholsky, das sei für ihn ein prägendes Erlebnis gewesen (S. 1005).
Arne und Corinna, ihr habt fast die gleichen Worte wie der große Jacobsohn gebraucht. Und wer weiß: vielleicht wird dieser Augenblick für euch oder irgendein Kind in der Klasse ähnlich bedeutungsvoll.
Die Suche nach anschaulichen, treffenden Wörtern und Wendungen, ›Spezialwörter‹ genannt, wird in dieser Klasse mit Eifer betrieben. Wenn Christiane schreibt, ihr Vater habe vor Lachen gekreischt, kann sie sicher sein, von einigen Zuhörern gelobt zu werden. Daß Christiane beim Sprechen häufig Dativ und Akkusativ verwechselt (»Ich ging im Bett«), zählt hier nicht. Anschauliche Wörter finden zu können wiegt schwerer.
Wenn der schmächtigte Sven erzählt, nach seinem Brettsprung während der Freischwimmerprüfung habe ihn der Bademeister »mit der Angel« rausfischen wollen, kriegt er gewiß Komplimente zu hören. (Oli: »Der ist ja auch so'n schmaler Hering!«). Bärbel erzählt, sie habe im Lagerfeuer »gestochert«, in Matthias' Geschichte »rasselt« ein Panzer übers Pflaster, Iris »jauchzt« vor Freude, als der Gaul beim ersten Ausritt zu traben beginnt. Stets wird das Spezialwort gerühmt. Ich begnüge mich damit, ebenfalls solche Wörter zu entdecken und anerkennend zu nennen. Manch-

mal lese ich auch Stellen vor, in denen ich ein treffendes Wort vermisse.
Niemals haben wir in einer Unterrichtseinheit geübt, den besonderen statt des allgemeinen Ausdrucks zu wählen. Das Stilempfinden der Kinder wurde stets nur bei geeigneten Gelegenheiten geschult – und es gab so viele, daß ich die meisten verstreichen lassen mußte. Eines Tages, als wir dieses Thema schon ungezählte Male angesprochen hatten, formulierten wir eine Regel daraus, die wir in unsere Sammlung aufnahmen: »Gebrauche den besonderen Ausdruck, nicht den allgemeinen. Suche den treffendsten, anschaulichsten, schönsten, kräftigsten Ausdruck.«
Konrad Wünsche (1974, S. 21) behauptet: »Wörter, die in den Sprachbüchern ›treffend‹ genannt werden, sind meistens nur als unnötiges Drumherum da, bloß damit es sich schöner anhört. Sie sind gut für einen, der umfangreiche Prosaerzählungen liest. Er hat es gerne, wenn etwas überraschend kommt. Er freut sich über einen Ausdruck, auf den er selbst nicht gekommen wäre und mit dem er nicht rechnete.«
So hat Konrad Wünsche es natürlich nicht gesagt. Weil er seine Leser überzeugen will, hat er nicht einfach so geredet, »daß der andere Bescheid weiß« (Wünsche), sondern er hat treffende Wörter gewählt, überzeugende, einprägsame, präzise:
»Wörter, die die Sprachbücher ›treffend‹ nennen, sind meistens nur zur Verzierung da, sie machen nichts als Glanz. Sie sind gut für den

Wilhelm Gössmann 1976 über das Formulieren

»Das Formulieren muß sich mehr noch für die Grundschule als anderwärts aus den Vorstellungen einer normativen Stilistik befreien, und stattdessen die sprachliche Ausgangsbasis der Grundschulkinder berücksichtigen . . .
Wenn es nicht eine vorgegebene Stilistik ist – daß die Richtigkeit der Grammatik nicht ausreicht, braucht kaum erwähnt zu werden –, wenn es auch nicht die qualitative Gestalthöhe eines Altersstils sein soll, was tritt dann an die Stelle? Ohne ein theoretisches Konzept vorlegen zu können, ist der praktische Unterrichtsbezug entscheidend: was möglich ist; also keine aufgesetzten Lernziele, keine Dirigismen und Erwartungen von außen, sondern ein Anknüpfen an das, was für die Schüler erreichbar ist. Das setzt beim Lehrer ein wissenschaftliches Interesse am tatsächlichen Sprachgebrauch seiner Klasse voraus, sowie Kenntnisse in der Kunst des Formulierens« (S. 39).

Leser dicker Romane. Er schätzt es, wenn Überraschungen auftauchen, ungeahnte Wendungen erfreuen ihn.«
Treffende Wörter sind eben nicht nur als »Überraschungen«, »ungeahnte Wendungen« und »originelle Ausdrucksweise« geschätzt, wie Konrad Wünsche meint, sondern als Mittel der überzeugenden Äußerung einer Meinung, der präzisen Beschreibung eines Geschehens, eines Sachverhaltes.

Iris, Jule, Bärbel, Anton

Iris hatte geschrieben: »Als ich endlich dawar, war der Martinszug immer noch nicht da.« An die fünfzehn Kinder vermerkten auf ihren Notizzetteln: »war, war!« oder »da, da!« Die unnötige Wiederholung hatte sie gestört. Das war nicht etwa als Stilregel in einer ›Unterrichtseinheit‹ erarbeitet worden, sondern das Gehör war während des Unterrichts in einem langen Prozeß allmählich geschärft worden.
»Tina, helf mir doch!« steht in Jules Geschichte. Ich erwähne kurz, die Befehlsform heiße ›Hilf!‹ Ähnlich schwierig übrigens sei der Imperativ von geben, werfen und essen. Wenige Tage später schreibt ›Alex‹ von ihrer Krankenhaus-Einlieferung: »Mama, gebe mir bitte mein Nachthemd.« Das Problem wird abermals kurz angesprochen. Als zwei Wochen später wieder ein ›helf‹ auftaucht, wissen viele Kinder schon Bescheid.
Bärbel hatte einmal geschrieben: »Endlich kamen sie, als die Sonne schon unterging, mit letzter Kraft an dem Lagerplatz, wo die anderen schon waren, an.« »Da verliert man ja den Überblick!« hatte Petra geschimpft. Viele Wochen später schrieb Marion: »Aber leider stellte er in dem Loch, in das er aus Leichtsinn hineingesprungen war, fest ...« Prompt erinnerten sich einige Kinder an Bärbels Satz, und Steffi sagte: »Das ist wie damals bei Petra, wo man den Überblick verliert!« Ich nutzte die Gelegenheit, schrieb zwei ähnlich zerrissene Sätze an die Tafel und kennzeichnete die Bestandteile des Verbs. Danach schrieb ich die Sätze nach den Vorschlägen der Kinder neu.
Keine zehn Minuten dauerte dieses Zwischenspiel. Hätte ich für diesen Tag eine ganze Stunde angesetzt mit dem Thema ›Zusammengesetzte Verben zerreißt man nicht!‹, wäre wohl weniger dabei herausgekommen. Noch weniger hätte wohl eine der oft stumpfsinnigen Sprachbuchübungen bewirkt. Die *Gelegenheit* aber, bei

der die Kinder stutzten, war der »fruchtbare Moment«. Meine einzige Aufgabe war, die Gelegenheit zu nutzen, welche sie selbst herbeigeführt hatten.
Im Winter hatte ›Anton‹ die bereits erwähnte Geschichte vom Sprung über die Dächer geschrieben. Die spannende Gestaltung des Höhepunkts hatte ich öffentlich bewundert: »Jetzt bin ich gesprungen.« Absatz. »›Anton, wo springst du denn hin?‹ Ich lag auf unserem Boden.«
Im nächsten Sommer erzählte Jens vom Jugendherbergsaufenthalt:

> Morgens, als alle wach waren, sagte Christian: »Anton, mach mal Vorhang auf!« Anton zog die Schnur an dem Vorhang. Der Vorhang war auf. Er riß weiter und – »Anton, das war 100 : 0 für dich!« sagte Christian, und Anton antwortete: »Außerordentlich dringend peinlich!« Der Vorhang war ab.

(Es fällt mir angesichts dieser Leistung nicht schwer, die »Schnur an dem Vorhang« und den »aufenen« Vorhang zu übergehen. Erst recht sage ich nichts zu der frischen Mode, alles Unangenehme »außerordentlich dringend peinlich« zu nennen.)
Die Kinder haben ein phantastisches Gedächtnis für ihre eigenen und ihrer Mitschüler Geschichten. Gleich mehrere erinnerten sich an den ähnlich verzögerten Höhepunkt in Antons Geschichte fünf Monate zuvor. Ich kann mich damit begnügen, ›Antons‹ altes Heft heraussuchen zu lassen, und jene Kinder auf diesen Kunstgriff aufmerksam zu machen, die seine Wirkung zwar erlebten, nicht aber erkannten, wie sie erzielt worden war.

»Linguistische Infamie«

Solcher Gelegenheitsunterricht ist auch geeignet, ausgesprochen schwierige Probleme zu behandeln. Ich meine, er sei sogar besser geeignet als der systematische Unterricht: Der Anlaß bewirkt konzentrierte Aufmerksamkeit, und die häufigen kurzen Wiederholungen aus ähnlich überzeugendem Anlaß bewirken erfolgreiches Lernen.
Anja hat geschrieben, wie sie und ihre Schwester Marion mit einer Kindergruppe einen vom Meer angeschwemmten Fischkadaver feierlich beerdigten: »Als wir das Loch zugruben, legten wir Muscheln auf das Grab.« Die Kinder merken nichts. Aber ich

möchte die Gelegenheit nutzen, in den ersten ein ›Gefühl‹ für diese »linguistische Infamie« (Arthur Schopenhauer) zu wecken. Deshalb lese ich den Satz nochmals: Da stimmt etwas nicht. Nach und nach gehen ein paar Finger in die Höhe. Es gibt absurde Vermutungen. Schließlich meint Sven: »Das hört sich an, wie wenn die graben und Muscheln drauflegen, also sozusagen gleichzeitig.« Oli findet die Lösung: »Als wir das Loch zugegraben *hatten*!«

Die Gelegenheit ist besonders günstig, denn am Schluß derselben Geschichte hat Anja genau dieses Problem richtig gelöst: »Wir stellten uns um das Grab. Plötzlich fing Marion künstlich an zu weinen. ›Mein armer Eddi!‹ Denn wir *hatten* ihn vor der Beerdigung noch schnell getauft.«

Viele Viertkläßler verstehen mit Leichtigkeit, daß man Imperfekt und Plusquamperfekt nicht ohne Unterschied, eines wie das andere, gebrauchen kann. Sie sind mühelos fähig, beide Zeiten in ihren Geschichten bewußt einzusetzen. Sie begreifen sehr wohl: Fehler bei dieser Zeitwahl gehen nicht nur auf Kosten aller feineren Richtigkeit, sondern »auf Kosten alles Menschenverstandes, indem baarer Unsinn daraus wird« (Arthur Schopenhauer, S. 575).

Wenig später ist Gelegenheit, dieses Problem erneut aufzugreifen. Arne erzählt in der schon zitierten Geschichte, wie seine Freunde und er den Parkplatz der ungeliebten Klavierlehrerin mit Gerümpel blockierten. »Endlich kam die Klavierlehrerin, aber zu Fuß, denn sie *hatte* ihr Auto leider woanders geparkt.« Wer wollte hier das Imperfekt hinnehmen?

Ich habe nicht geplant, dieses Problem an diesem Tage noch einmal aufzugreifen. Es bietet sich in Arnes Geschichte zufällig an. Aber auf solche Zufälle ist Verlaß.

Freilich, nicht alle Kinder können Verständnis für diese schwierigeren Fragen der Zeitwahl schon im vierten Schuljahr gewinnen. Das dauert bei manchen Monate und Jahre. Aber dieser Prozeß wird bei vielen nie zu Ende gebracht werden, wenn wir nicht beginnen, sobald er begonnen werden kann.

Gelegenheitsunterricht

Es gibt keinen Grund, sprachlichen Unsinn sich verfestigen zu lassen, wenn in Kindern Verständnis geweckt werden kann. Gerade der Schule, die im Rechtschreiben nolens volens Erbsen zählt, stünde solche Sprach-Arbeit wohl an.

Für alles, was im meist langweiligen Plan-Unterricht ohne über-

zeugenden Anlaß besprochen werden muß, gibt es auch überzeugende Gelegenheiten, bei denen die Kinder hellwach sind. Diese Gelegenheiten sind viel fruchtbarer.
Keine wird aufwendig beredet. Das dauert stets nur wenige Minuten. Aber die Kürze trägt zu der starken Wirkung des Gelegenheitsunterrichts bei.
Warum noch ist er so erfolgreich?
Erstens: Die Kinder stutzen vor einem echten Problem, von dem nicht sie annehmen müssen, daß es der Lehrer zum Zwecke des Lehrens erfand oder aussuchte. *Sie* wollen es lösen, weil es nicht des Lehrers Problem ist, sondern ihres.
Zweitens: Es findet keine unserer pompösen Lehrveranstaltungen statt. Wie schrecklich ermüdend wäre es, wenn nach Art unserer Plan-Theoretiker eine Stunde angesetzt worden wäre: ›Vorzeitigkeit und Nachzeitigkeit in der Erzählung‹ – mit einer konstruierten ›Motivationsphase‹ am Anfang und einer ›Festigungsphase‹ am Ende und all dem unfruchtbaren Schnickschnack dazwischen. Statt dessen packen wir im Vorübergehen eine sich zufällig bietende Gelegenheit beim Schopf, und später nutzen wir andere Gelegenheiten zur Festigung und Vertiefung. Erst durch die Kritik meiner eigenen Töchter habe ich begriffen, daß ihnen kaum etwas so zuwider ist wie die Schulmeister-Neigung, auf jede en passent gestellte Frage mit einer Lehrveranstaltung zu antworten.
Der entscheidende Vorteil des Gelegenheitsunterrichts aber ist: Nicht der Lehrer treibt den Unterricht voran, sondern die Kinder. Ihre Neigungen und Wünsche, ihre spontanen Fragen und Forderungen, ihre Neugier und ihre Lösungssuche stehen im Vordergrund.
Da bleibt es nicht aus, daß sie oft das Thema verlassen. Manchmal treiben sie einander vom Hundertsten ins Tausendste, und es gibt – sonderlich bei Zweit- und Drittkläßlern – Tage, da scheint es kein Stichwort zu geben, das nicht mindestens ein Diskussionsredner vertieft – ob es nun zum eigentlichen Thema gehört oder nicht. Ich nehme es hin. Nur selten, wenn sie allzuviel der kostbaren Zeit verschwenden, führe ich sie behutsam zum Thema zurück.

Mehr Hauslehrer – weniger Regisseur

Berthold Ottos Gesamtunterricht, in dem die Kinder die Initiative hatten, wird hier zwar nicht nachgeahmt, aber ich meine, bei jeder

Aufsatzrückgabe werde etwas vom Geiste unseres seit fast einem halben Jahrhundert toten Kollegen spürbar.
»Die Hauslehrerbestrebungen verlangen«, schrieb er 1908, »daß wir nicht mit einem fertigen System von Kenntnissen an die Kinder herantreten und dann die Kinder zwingen, sich von diesen Kenntnissen ein bestimmtes Durchschnittsmaß anzueignen; die Hauslehrerbestrebungen wollen die *Auswahl* der für das Kind nötigen Kenntnisse und die Art, wie das Kind sie sich aneignen will, aus dem geistigen Verkehr mit den Kindern ermitteln. Im Sinne der Hauslehrerbestrebungen bestimmt jedes Kind selbst, was es lernen will und wieviel es lernen will« (S. 192).
Weniger erfahrene Kollegen wehren ab: Ich kann so nicht arbeiten. Robert Ulshöfer bekräftigt ihre Sorgen, wenn er vom idealen Lehrer »mit eigenen Gedanken, Lebenserfahrung, Selbständigkeit des Urteils . . .« schreibt: »Der braucht keine Methodik des Deutschunterrichts; er trägt sie in sich; er gibt im rechten Augenblick die richtige Lesehilfe, Verständnishilfe, Werkhilfe« (1976, S. 1). Wir aber, sagen die Zaghaften, sind nicht der ideale Lehrer, und deshalb können wir uns dem Wagnis des Gelegenheitsunterrichts nicht anvertrauen.
Sie irren. Versagen muß nur, wer Ulshöfers Vorstellung vom überlegenen Regisseur (R. U.: »Unterricht als Regieführung«) in den Gelegenheitsunterricht übernimmt.
Wenn ich aber den Regiestuhl verschmähe und mich in den Kinderkreis setze, neugierig, wohin die Diskussion uns treiben wird, gespannt, welche Überraschungen auf uns warten, voller Erwartung, ob es mir und uns gelingen wird, »Stimmung und Reiz der Stunde« zu erzeugen, dann brauche ich die Methodik nicht »in mir« zu tragen, weil die *Kinder* sie bestimmen. Ich bin eben nicht darauf angewiesen, stets im rechten Augenblick die richtige Hilfe zu wissen, weil mich die Kinder dazu treiben. Und wenn ich einmal nicht zu reagieren weiß, die schönsten Gelegenheiten vielleicht nicht einmal erkenne: Was soll's? Es gibt ja so viele.

Geplantes Entdecken?

Dieser Unterricht läßt sich schwerlich planen. Selbstverständlich gibt es viele Bereiche und Themen, die ordentlich und nach allen Regeln der Kunst geplant werden müssen. Auch ich kann die schriftliche Addition nicht im Gelegenheitsunterricht lernen lassen,

und sonderlich für junge Kollegen mag es nützlich sein, sich durch gewissenhafte Planung vor dem Versinken in der Fülle der Forderungen einer einzigen Stunde zu bewahren. Selbstverständlich auch muß jeder Lehrer lernen, (lern)psychologische Erkenntnisse anzuwenden.
Aber der Lehrer in der Schulstube merkt sehr schnell, daß vieles überhaupt nicht zu planen ist. Daß manche Planung auch Spontaneität erstickte, daß unsere Art, alles planen zu wollen, nicht die Interessen der Kinder berücksichtigt, sondern bestenfalls das, was der Lehrer dafür hält. Daß es mit lebendigem Schulalltag nichts zu tun hat, Erkenntnisschritte, Lehrerverhalten und Schülerreaktionen stets vorher erahnen oder gar festschreiben zu wollen.

Fritz Gansberg 1914 über das Unglück unseres Unterrichtens

»Das Unglück unseres Unterrichtens ist doch immer dies, daß wir in der Gewohnheit und dem Gleichmaß der Tage abstumpfen und erstarren, daß wir uns so schwer zur frischfröhlichen Improvisation aufschwingen, daß wir leere, tote Stoffe bearbeiten, weil sie vorgeschrieben sind, und nicht den Mut finden, ins Leben hineinzugreifen und mit Wagemut gerade das zu gestalten, was uns im tiefsten Herzen bewegt . . .
Wir müssen uns aber in allen unseren Verhandlungen auf diese Kinderwelt aufs Eindringlichste beziehen, sofern es uns um die wirkliche, unmittelbare und echte Mitarbeit der Schüler in unseren Stunden zu tun ist, denn die Welt ihrer Erfahrungen und Erinnerungen ist die Operationsbasis, die ihnen gegeben ist, die einzige, die sie besitzen, von der aus sie das Neue in der Welt ergreifen und begreifen können . . .
Wir müssen uns täglich üben, die Gelegenheiten beim Schopfe zu fassen, das heißt eine große Sache irgendwo an einem äußersten Zipfel anzupacken und da festzuhalten . . .« (S. 234ff.)

Er merkt, daß er den Kindern und sich selbst schadet, wenn er versucht, seinen Aufsatzunterricht von vorher formulierten und vielleicht sogar operational definierten Lernzielen regieren zu lassen. Denn welches der vielen langfristig angepeilten Ziele wann wie erreicht wird, weiß ich nicht. Das hängt von den Gelegenheiten ab. Mehr noch: Manches Ziel wird in diesem Unterricht erreicht, auf das ich gar nicht zielte. Und wenn Ziele erreicht werden, geschieht das nicht nach altem Aberglauben im Gleichschritt (wir reden fortwährend von ›Individualisierung‹, aber beim Anmarsch auf Lernziele zählen seltsamerweise meist ganze Gruppen), sondern Marion erreicht im Laufe eines Tages, einer Woche, eines Monats, eines Vierteljahres ein Ziel, das Iris längst erreicht hat, Frank erst nach einem halben Jahr und Thomas überhaupt nicht während der Grundschulzeit erreichen wird.

Es wird vielleicht die größte Leistung der Seminare sein, wenn sie sich gerade in diesem Bereich von der Bevormundung durch jene Hochschul-Theoretiker freimachen, die mangels Erfahrung gar nicht wissen, welche bedeutende Rolle der Gelegenheitsunterricht spielt. Daß Kollegen in den Seminaren mit dem Selbstbewußtsein von Pädagogen gegen diese falsch verstandene Verwissenschaftlichung unserer Ausbildung und Fachdiskussion anzugehen beginnen, läßt hoffen.

Kindern beim Lernen helfen, das heißt für den Aufsatzunterricht nach meiner Überzeugung: Gelegenheitsunterricht. »Die Arbeit, die zum selbständigen, einsichtigen Denken führt, muß in ihrem Schwerpunkt Entdeckungsarbeit sein«, verlangt Wolfgang Metzger (S. 188). Unsere Lehrerausbilder an den Hochschulen haben daraus gemacht: Der Lehrer sucht aus, was entdeckt werden darf, soll, muß. Das stellt er sorgsam ver-deckt vor die Klasse. Nun versucht er gar kunstvoll Kinder zu überzeugen, sie hätten ein Interesse daran, das Ver-deckte zu ent-decken.

Je dollere Purzelbäume er dabei schlägt, desto besser wird seine Beurteilung, denn wer wird denn Kinder nicht motivieren wollen? Dieses Verständnis von Unterricht haben sich sehr viele Kollegen einreden lassen. In unserer Schule wird entdeckt, was den Freigabevermerk des Lehrers trägt, und den Zeitpunkt des Entdeckens bestimmt er. In unserer Schule stromern Kinder viel zu selten auf Entdeckungsreise umher.

»Für seine Arbeit«, schreiben die NW-Richtlinien, »benötigt der Lehrer zur Formulierung der Lernziele (Intentionalität und Thematik) eine Taxonomie und hinsichtlich der Methodik sowie der Medienwahl eine Übersicht an möglichen Alternativen.« (3.3, D/SP 38). Solche Arbeit nennt man ›lehrerzentrierten Unterricht‹. Die ganze Wirklichkeitsferne dieser Plan-Hybris wird wohl am besten deutlich, wenn hier eine dieser angeblich hilfreichen Tabellen einfach nachgedruckt wird (Tabelle 2, D/SP 45; vgl. S. 135).

Den Lehrer möchte ich sehen, dem es gelingt, mit Hilfe solcher Planung in Kindern Freude am Aufsatzunterricht zu erhalten. Was Werner Schlotthaus vom Projektunterricht schreibt, gilt für ›kindzentrierten‹ Aufsatzunterricht insgesamt: »Bedürfnisbezogener

← abnehmender Schwierigkeitsgrad

Tätigkeitsfelder	Dimensionen	1. psychomotorisch			2. affektiv			3. kognitiv		
		1. Anbahnung	2. Übung	3. Transfer	1. Anbahnung	2. Übung	3. Transfer	1. Anbahnung	2. Übung	3. Transfer
1. HÖREN	1. (im.) hinhören	1.1.1.1								
	2. (kr.) zuhören									
2. SPRECHEN	1. (im.) nach- oder mitsprechen									
	2. (kr.) frei sprechen									
3. LESEN	1. (im.) ablesen									
	2. (kr.) sinnfassend lesen									3.2.3.3
4. SCHREIBEN	1. (im.) abschreiben									
	2. (kr.) frei schreiben									

↑ abnehmender Schwierigkeitsgrad (links) ↓ (rechts)

zunehmender Schwierigkeitsgrad →

Tabelle (Ordnungsziffern zu den Operationen)
(Erläuterungen: In den Zeilen sind die Tätigkeitsfelder, in den Spalten die Dimensionen aufgeführt. Die jeweils gewünschte Ordnungsziffer ergibt sich aus der Kombination einer Zeile mit einer Spalte. So heißt etwa 1.1.1.1: die Schüler sollen in der pragmatischen Dimension hinhören, und zwar zum Zweck der Anbahnung, m. a. W. die Schüler sollten in diesem Fall nicht so sehr auf den Sinn, sondern mehr auf die Form der von Ihnen gehörten Sprache achten; komplizierter ist dagegen z. B. die Operation 3.2.3.3: Hier soll in der kognitiven Dimension sinnfassend gelesen werden, und zwar zum Zweck des Transfers, die Schüler sollen hier also mit den Mitteln der Logik den „Sinn“ einer sprachlichen Botschaft auf etwas anderes übertragen. Grundsätzlich gilt: Je schwieriger eine Operation ist, desto wichtiger ist sie auch. Schwierigkeitsgrad und Gewicht einer Operation sind um so höher, je weiter rechts und je weiter unten die Ordnungsziffer steht.)

Projektunterricht und lehrzielorientierte Planung sind Antinomien« (Schau, S. 284). Wer moderne Richtlinien liest, dem wird klar, warum das so ist: Das eine, die Bedürfnisbezogenheit, ist gültig für das Kind – das andere für den Lehrer.
Daß Aufsatzunterricht, der wirklich die Kinder in den Mittelpunkt stellt, in seinem Kern Gelegenheitsunterricht sein muß, daran habe ich nach mancherlei Irrfahrten in mehr als zwanzig Jahren keinen Zweifel mehr. Früher hielt ich mich an Fachleute wie Sönke Zander. Er hat aus 200 Seiten theoretisch-praktischer Erwägungen vier Seiten »curriculare Konsequenzen« für die Grundschule gezogen: Er hat einen systematisch-chronologischen Lehrplan ersonnen, der pro Schuljahr aus fünf »Nummern« besteht. Wer Sönke

Heinrich Scharrelmann 1912 über Gelegenheitsunterricht

Daß der planmäßige oder systematische Unterricht seine Vorteile hat, kann wohl von niemandem bestritten werden . . . Ihm gegenüber steht der Gelegenheitsunterricht . . . Er setzt im rechten Augenblicke ein, er fußt auf dem Interesse des Kindes, er bietet das Wissen dann dar, wenn das Kind selbst darnach verlangt, er wahrt den Zusammenhang zwischen Leben und Schule, er erst gestattet das wirkliche ›Erleben‹ des Stoffes . . .
Ein systematischer Unterricht hat erst dann einzusetzen, und gewinnt erst dann seine Berechtigung, wenn Gelegenheitsunterricht, der entweder von zufällig gebotenen Anlässen oder von künstlerischen Gesichtspunkten ausgeht, in reichem Maße vorangegangen ist. Erst müssen zahllose *Ein*sichten gewonnen sein, ehe man zu *Über*sichten kommt.
Aller erster Unterricht, den das Kind vor der Schulzeit erhält, ist Gelegenheitsunterricht. Was Vater und Mutter erzählen, was das Kind auf der Straße hört und sieht, was das Leben überhaupt jedem bietet, ist immer Gelegenheitsunterricht.
Dann aber kommt die Schule und will ›planmäßig‹ vorgehen. Gerade das Planvolle ist das wesentliche Merkmal des Schulunterrichts. Man will nicht dem Leben oder dem Zufall überlassen, was und wie das Kind lernen soll, weil man die Kraft des Gelegenheitsunterrichts nicht würdigte und nicht die künstlerischen Qualitäten besaß, die zur Erteilung des Gelegenheitsunterrichts erforderlich sind . . .
Jede freie Stoffolge erschien der Schule als dilettantisch oder gar als unpädagogisch. So sind Stoffauswahl und Methode heute noch die beiden Angelpunkte aller Staatspädagogik (S. 179f.).

Zander folgt, muß wissen, daß er die Kinder aus dem Zentrum des Unterrichts verbannt. Und er wird erfahren, daß es ausgeschlossen ist, mit fünf Nummern pro Jahr ein stabiles Fundament der Freude zu legen.

Den Weg haben die Alten gebahnt. Adolf Rude, der einst das vielbändige Standardwerk unserer Großväter herausgab, beschrieb die Vorzüge des Gelegenheitsunterrichts so: »Er ist eine naturgemäße Methode, die Methode des Elternhauses und des Lebens, die erfahrungsgemäß erfolgreich ist. Jeder Stoff, jedes Ereignis wird dann behandelt, wenn das ursprüngliche Interesse der Schüler dahin drängt« (S. 193).

Gelegenheitsunterricht ist nicht leichter als systematischer. Für viele Kollegen ist er sogar schwieriger als jener, der sich am Halteseil einer ›begründeten Verlaufsplanung‹ entlanghangelt. Wenn der Lehrer im Unterricht nicht die möglichen Kriterien ›im Hinterkopf‹ hat, wenn er also keine Ziele kennt, kann er auch nicht auf geeignete Gelegenheiten warten, diese Ziele anzugehen, sondern stolpert von einer Verlegenheit in die andere: praktiziert *Ver*legenheitsunterricht. Gelegenheitsunterricht erfordert nicht weniger Arbeit, sondern eine gänzlich andere. In der Zeit, in der Plan-Anhänger Unterrichtsentwürfe ersinnen, versuche ich aus Tonband-Protokollen von Geschichten-Gesprächen zu lernen, lese Ludwig Reiners, schreibe ausführliche Kommentare zu Kinder-Geschichten und lese die Bücher der Alten.

Im Laufe der Jahre habe ich immer mehr gelernt, »Stimmung und Reiz der Stunde zum Aufsatz (zu) nützen«, wie Paul Georg Münch vor zwei Generationen verlangte (1909, S. 20), und heute weiß ich, daß Adolf Jensen und Wilhelm Lamszus recht hatten, als sie erklärten: »Die Entwicklung einer neuen Klasse wird am wenigsten von den subtilsten Lehrplänen einzufangen sein« (1923, S. 170).

Mein Aufsatzunterricht ist Gelegenheitsunterricht, wie ihn die Alten verstanden: Ich greife zu, wenn sich eine Gelegenheit bietet. Und anschließend versuche ich nicht, durch ›Kontrollen‹ herauszufinden, was die Kinder gelernt haben. Das erfahre ich nach und nach aus ihren Geschichten; aber nie werde ich unterscheiden können, was sie in meinem Unterricht gelernt haben und was beim Lesen abends im Bett oder sonstwo.

Neben den oben an Beispielen verdeutlichten spontan zu nutzenden Gelegenheiten gibt es auch geplant zu nutzende. ›Geplant‹ heißt hier freilich nicht kunstvoll konstruiert nach der gerade herrschenden Lehre. Es ist geplant im Sinne von ›gezielt herbeigeführt‹.

Gelegenheit durch Mini

Christian, genannt ›Mini‹, schrieb die Geschichte »Fußball in der Wohnung«:

> Ich rief Arne an, ob er kann. »Arne, kannst du?« »Ja, ich komme um drei Uhr«, sagte Arne. »Gut«, meinte ich, »tschüß, bis dann!« Da kam Jens. Jens und ich räumten auf. Da kam Arne. Und dann fingen wir an. Jens stand im Tor, und Arne mußte gegen mich spielen.
> Jens machte den Abstoß. Er fiel in die Ecke. Ich brüllte: »Jetzt will ich den Ball!« Arne sagte: »Nein!«
> Aber was geschah da? »Tor! Tor!« schrie nun Arne. Es stand 1:0 für Arne.
> Mini sagte: »Das darf doch nicht wahr sein!« Ich sagte für mich: »Jetzt gehe ich auf Sturm!« Ich machte eine kleine Drehung, und der Ball saß im Tor.
> »Eins zu eins Gleichstand«, meinte Jens. Jens schoß in die Luft. Ich köpfte den Ball und schoß. Ich traf zwar den Ball, aber viel mehr Arne. Er fiel wie ein nasser Sack zu Boden. »Foul!« schrie Jens.
> Ich sagte: »Quatsch nicht!«
> Jetzt bekommt Arne einen Elfer. Da schoß er. Kein Tor. Mini jubelte: »Toll, toll!« Arne schrie: »Scheiße!« Als wir eine halbe Stunde gespielt hatten, stand es fünf zu vier für mich. Da kam das entscheidende Tor. Aus der Drehung ein Tor!
> »Endstand sechs zu vier für Mini«, sagte Jens.

Die Geschichte enthält bei sonst beachtlicher Gestaltung in ungewöhnlicher Vielzahl Wort-Wiederholungen. In der Diskussion hatten viele Kinder bemängelt, die Geschichte sei »so komisch steif«, obwohl sie doch »eigentlich« lebendig gemacht sei. Fast in allen Notizen, so auch in den später hier abgedruckten, waren Wort-Wiederholungen als störend genannt worden. Daß die ›Steifheit‹ vorwiegend eine Folge dieser Wort-Wiederholungen war, hatten diese Kinder nicht erkannt.
Die Gelegenheit war günstig, dieses Thema zu behandeln. Ich hatte ihnen nie als Stilregel nahegebracht, solche Wiederholungen zu meiden. Das war zwar oft in den Gesprächen angesprochen worden, aber wir hatten es nie vertieft; es hatte stets Wichtigeres gegeben. In unseren ›Grundregeln‹ war das Problem zu dieser Zeit überhaupt nicht genannt. Die Kinder hatten nur nach und nach

erfahren: Unnötige Wiederholungen, besonders an betonten Stellen, sind dem Ohr peinlich.

So etwas muß man nicht lehren. Ich meine sogar: Man *darf* es nicht lehren. Sprach-›Gefühl‹ muß wachsen, darf nicht gezüchtet werden.

Was hätte ich erreicht, wenn ich frühzeitig gesagt hätte: »Das tut man nicht!« Viele Kinder hätten störende Wiederholungen gar nicht als störend erkannt, weil sie nicht ihrem Ohr peinlich gewesen wären; sie wären vielmehr darauf angewiesen gewesen, ohne Einsicht eine Regel anzuwenden: ›Vermeide Wiederholungen‹.

Nun aber, nachdem sie ihr Gehör viele Monate lang hatten schärfen können, schien mir die Zeit reif, die »zahllosen Einsichten« zu einer »Übersicht« (Scharrelmann) zusammenzufassen.

Für den nächsten Tag schrieb ich die ganze Geschichte so auf zwei Seiten, daß jeder Textzeile eine Leerzeile folgte. Der Autor hatte eingewilligt, seine Geschichte als Übungsstoff zu verwenden. Er hatte mir beim Kopieren der Blätter geholfen.

Nun erzählte ich den Kindern, was wir an ›Minis‹ Geschichte üben wollten: Wir wollen die Wiederholungen, die uns gestern beim Vorlesen störten, irgendwie beseitigen. Dazu müssen wir erst mal wissen, welche das sind. Erste Aufgabe ist also, sie zu suchen und zu kennzeichnen. Weil man beim stillen Lesen nicht alles ›hört‹, lesen wir lieber laut. Danach versuchen wir, bessere Lösungen zu finden. Die schreiben wir auf die freien Zeilen.

Noch während des Lesens taten sich einige Kinder zusammen, berieten miteinander und suchten gemeinsam bessere Lösungen. Überall in der Klasse, begünstigt durch einige Winkel hinter Raumteilern, bildeten sich diskutierende Gruppen.

Das Ergebnis beeindruckte mich sehr. Die Kinder hatten nicht einfach Wörter ausgewechselt, sinnverwandte eingesetzt, Pronomina für Namen, sondern sie hatten auch ganze Sätze umgekrempelt. Dabei hatten sie, ohne sich dessen bewußt zu werden, gleichzeitig die Technik des Überarbeitens geübt.

Es war unmöglich, den ganzen Ertrag aller Einzel- und Gruppenarbeiten allen Kindern nutzbar zu machen. Aber es war auch nicht nötig. Die Kinder hatten selbständig arbeitend und einander ratend gelernt, ohne daß sie meines Lehrens bedurft hätten. Das anschließende Vorlesen diente weniger dem Lernen als der Erfolgsbestätigung: Wer eine halbe Stunde lang konzentriert gearbeitet hat, freut sich, wenn er seine Arbeit anderen vorstellen darf.

War das nun geplanter, systematischer Unterricht? Natürlich nicht. Ich habe auch diesmal nichts anderes getan, als eine Gelegenheit zu ergreifen – allerdings nicht spontan wie sonst meist, sondern vorbereitend dirigierend. Es handelt sich um einen vorbereiteten Gelegenheitsunterricht.

Gesprächserziehung ohne Curriculum

Bei dieser Art, Geschichten zurückzugeben, lernen Kinder viel mehr als den schriftlichen Gebrauch ihrer Sprache. Für mindestens ebenso wichtig halte ich dies: Sie verlieren ihre Scheu, sich vor einer größeren Gruppe zu äußern, lernen wie selbstverständlich freie Rede. Sie lernen, miteinander zu reden, sich eine Meinung zu bilden, diese Meinung zu vertreten, zu argumentieren, auf die Argumente anderer einzugehen. Sie gewinnen Selbstbewußtsein, Selbstvertrauen, Selbstsicherheit. Ihre Kritik ist oft hart, aber sie verletzt selten: Viertkläßler, die im dritten Schuljahr so miteinander zu reden begannen, haben gelernt, die Grenze zu beachten, jenseits derer Kritik verletzt. Sie haben auch gelernt, Kritik anderer zu ertragen.

Otto Ludwig und Wolfgang Menzel:
Was Kinder über das eigentliche Schreiben hinaus lernen

Endlich muß aber auch berücksichtigt werden, was Schüler, indem sie sich schreibend artikulieren, über das Schreiben von Aufsätzen hinaus lernen können:
- sich eine Sache in Gedanken gegenüberzustellen,
- durch Schreiben einen Sachverhalt schärfer sehen zu lernen, präziser erkennen und ihn sich so erst zu eigen oder verfügbar zu machen;
- Sprache beim Schreiben zum Objekt des Denkens und Handelns zu machen;
- schreibend seine eigenen Emotionen und inneren Erfahrungen sich selbst begreiflich zu machen und klarer vor Augen zu stellen, sowie Konflikte besser bewältigen zu können;
- auf Öffentlichkeit einzuwirken und »Öffentlichkeit herzustellen«, wie es in den Hessischen Rahmenrichtlinien heißt, und
- kreativ tätig zu sein und Sprache als Gestaltungsmittel bewußt zu verwenden (S. 11).

Dies alles kann nicht dem Aufsatzunterricht allein gutgeschrieben werden; aber ohne diese Art der Rückgabe im Klassengespräch wären sie sicherlich nicht so weit gekommen.
Hier erweist sich einmal mehr die Haltlosigkeit unseres Curriculum-Glaubens. Es gab kein Curriculum ›Gesprächserziehung‹. Ich hätte mir eins nach den Gebräuchen unserer Zeit ausdenken können, und nicht schwer wäre es gewesen, dieser Erfindung einen wissenschaftlichen Anstrich zu verleihen. Mit ihm hätte ich meinen Mißerfolg selbst programmiert.
Die Kunst des Lehrers in diesem Unterricht ist nicht, ein Curriculum zu entwickeln und anzuwenden. Die Kunst besteht darin, den Kindern Lerngelegenheiten zu bieten und ein Klima zu schaffen und zu erhalten, in dem sie freudig und ohne den Beigeschmack von Pflicht lernen: in dem sie lernen *wollen.*
Bei diesen Geschichten-Rückgaben sind viele Lerngegenstände so eng miteinander verflochten, daß ich sie gar nicht auseinanderdröseln könnte. Nicht nur das eigentliche Schreiben mit all seinen Bedeutungen lernen sie. Auch nicht nur das Miteinander-Reden. Sie haben auch gelernt, Gedanken in Stichworten zu notieren.

Name	Notiz	Mündliche Erläuterung
Simone	ob er kann?	„‚Ich rief Arne an, ob er kann‘. Was kann?“
	da, da	„‚Da kam Jens ... da kam Arne‘.“
	im Tor?	„In was für einem Tor stand Jens?“
	wer fiel in die Ecke?	„‚Jens machte den Abstoß. Er fiel in die Ecke.‘ Das hört sich an wie der Abstoß!“
	aus der Drehung	„Das finde ich gut ausgedrückt.“
Marion	ob er kann	„Da versteht man nicht, was er kann.“
	Tschüß bis dann	„Genauso redet man ja.“
	brüllte	„Spezialwort!“
	Arne zu oft	„Da steht dauernd ‚Arne‘.“
	nasser Sack	„Das kann man sich so schön vorstellen.“
	Was für eine Drehung?	„Ich weiß gar nicht, was du damit meinst!“
Anja	Da, da	„Dauernd ‚da‘! Das hört sich nicht so gut an.“
	Jens	„Wo kommt denn der Jens plötzlich her? Du hast doch bloß Arne angerufen!“
	räumten auf	„Was habt ihr denn da aufgeräumt?“
	Wohnung	„Das darf nicht bloß in der Überschrift stehen, daß die Geschichte in der Wohnung spielt!“
	sagte, sagte	„Da steht dauernd ‚sagte‘!“
	Jens, Jens	„Er hat mindestens zehnmal ‚Jens‘ geschrieben.“

Lernziel: Notizenschreiben

Auch das habe ich sie nicht gelehrt. Und doch tun sie es alle mehr oder weniger häufig. Und wie sie es tun, daran ist zu studieren, daß Lernen nicht eine Folge von Lehren sein muß. Es gab auch kein Curriculum ›Notizenschreiben‹. Ich habe nicht einmal auf eine Gelegenheit *gewartet*. Sie *ergab* sich eines Tages, und ich war selbst überrascht. Alles, was ich zu tun hatte, war, die unverhoffte Gelegenheit aufzugreifen.
Jens begann eines Tages, während des Geschichtenhörens Stichworte aufzuschreiben. Seine Begründung: »Das dauert manchmal so lange, bis man drankommt, und dann hat man vergessen, was man sagen wollte. Oder man denkt immer nur an das, was man gleich sagen will, und dann kann man gar nicht mehr zuhören, was die anderen sagen.«
Ich lobte ihn öffentlich für seinen Einfall. Sehr bald ahmten ihn immer mehr Kinder nach. Eine Zeitlang kam das Stichwortschreiben bei unseren Aufsatzrückgaben regelrecht in Mode. Dann ließ es nach. Heute schreiben eher zwei als ein Dutzend meiner Viertkläßler regelmäßig in diesen Stunden. Mein einziges ›Lehren‹ besteht darin, gelegentlich, zu Beginn solcher Zeiten, sie an die Möglichkeit zu erinnern. Manche gehen dann zum Schrank, in dem wir eine Schublade mit der Aufschrift ›Notizpapier‹ eingerichtet haben. (Mir scheint, Notizen sind interessanter, seit es diese Schublade gibt. Entscheidend bleibt jedoch: Die Situation erfordert Notizen.)
Zu Minis Geschichte gab es u.a. die genannten. (In der mittleren Spalte ist die Notiz im Wortlaut wiedergegeben, in der rechten die mündliche Ausführung dieser Notiz während des Geschichten-Gesprächs, ebenfalls im Wortlaut.)

Ablagern lassen?

Einige Kinder haben sogar zu lernen begonnen, ihre eigenen Entwürfe kritisch zu lesen und zu überarbeiten. Wenn sie am Samstag die Arbeit fortsetzen wollen, die sie am Donnerstag begannen, gefällt ihnen manches nicht mehr; es überzeugt sie selbst nicht; sie meinen, es sei ungeschickt gesagt. Und nun beginnen sie zu raspeln und zu feilen, streichen durch, schreiben zwischen den Zeilen,

schieben ein, setzen Klammern. Und gelegentlich, wenn der Lehrer sie behutsam ermuntert, ringen sie sich auch dazu durch, auf einen Abschnitt überhaupt zu verzichten oder sogar eine ganze Geschichte in den Papierkorb zu werfen. Insgesamt muß ich diesen Lernerfolg aber als gering bezeichnen.
Mein Fehler war vielleicht, ihnen nicht genug Zeit gelassen zu haben. Der zeitliche Abstand zwischen Niederschrift und Korrektur war zu kurz.
Ich hätte wohl mehr Erfolg gehabt, wenn ich auf Paul Georg Münchs Rat gehört hätte. Der ließ Aufsätze nach einem halben Jahr wieder austeilen und jeweils von den Autoren selbst korrigieren:
»Alle Schriftsteller von Rang geben dem literarischen Nachwuchs den guten Rat, ein fertiges Manuskript einige Zeit im Schreibtische liegen zu lassen. Beim Durchlesen nach einigen Monaten hat der Verfasser erst den richtigen Abstand von seinem Werk gewonnen, und erst jetzt geht ihm der Blick für dessen Reize auf und vor allem für dessen Schwächen.
In einem halben Jahre ist ein gesundes Kind allenthalben mit sich weitergekommen. Wortbildung, Satzbau, Satzgefüge machen ihm weniger Schwierigkeiten. Strahlende Augen spiegeln sein inneres Glück . . .« (1926, S. 199).

Von der Kunst zu schweigen

Im Laufe der Jahre bin ich mir selbst gegenüber nach und nach immer ehrlicher geworden. Ich begann zuzugeben, daß kindliche Entwicklungen nur in einem geringen Maße meiner Lehr-Kunst gutzuschreiben sind. Je mehr ich das einsah, desto mehr versuchte ich, das zu tun, was ich wirklich kann und womit ich Kinder wirklich weiterbringe: Ich versuchte jenes Klima zu schaffen, in dem nach aller Erfahrung Kinder besser und dauerhafter lernen. Meinen eigenen Lernfortschritt erkannte ich daran, daß ich immer öfter darauf verzichtete, Kommentare der Klasse zu Kindergeschichten durch eigene Kommentare abschließend wertend zusammenzufassen.
In meinen ersten Rückgabe-Gesprächen vor vielen Jahren redete ich die Kinder ›in Grund und Boden‹. Ich meinte, zu allem, was mir aufgefallen war, etwas sagen zu müssen, damit die Kinder möglichst viel lernten. Ich habe den Überdruß der Kinder regelrecht

herbeigeschwätzt. Heute gebe ich zu vielen Geschichten überhaupt keine mündlichen Kommentare mehr. Für den Autor sind sie nicht nötig, denn der hat sie bereits schriftlich. Für die Zuhörer sind sie ebenfalls nicht nötig. Sie tragen selbst in vielen Fällen genug Bemerkenswertes zusammen. Wollte ich noch eigene Kommentare dazugeben, wäre das kindliche Fassungsvermögen schnell überfordert.

Lehrer-Kommentare sind auch darum oft eine überflüssige Dreingabe, weil sie die Diskussionszeit in die Länge ziehen. Kinder wollen Abwechslung. Sie brauchen, um sich längere Zeit konzentrieren zu können, Abwechslung. Sie sind begierig darauf, Geschichten ihrer Mitschüler zu hören und über sie zu reden. Sie sind keineswegs begierig darauf, belehrt zu werden.

Macht Aufsatzunterricht Freude?

Ich bin jenseits allen Zweifels sicher: Schule muß Freude machen. Kinder müssen sich in der Schule glücklich fühlen, wenn unsere Arbeit Erfolg haben soll. Nur mit glücklichen Kindern kann das Geflecht von Unterricht und Erziehung so geflochten werden, daß Kinder zu harmonischen Persönlichkeiten heranwachsen, mit Freude zu arbeiten lernen und ein erfülltes Leben zu führen lernen. Zudem wissen wir seit Frederic Vester, daß angenehme Erlebnisse beim Lernen auch zu besserem und gründlicherem Lernen und dauerhafterem Behalten führen. Die Ursachen sind sogar biochemisch nachweisbar.

Ob in einer Klasse Voraussetzungen für Erfolg in diesem Sinne gegeben sind, kann am verläßlichsten den Äußerungen der Kinder selbst entnommen werden. Die Frage heißt schlicht: ›Macht dir Schule Spaß?‹ Unterricht, den ein Kind ablehnt, ist für dieses Kind schlechter Unterricht.

Ich habe meine 32 Viertkläßler kurz vor ihrer Entlassung aus der Grundschule im Sommer 1979 gefragt: Worauf könntest du in der Schule verzichten? In der folgenden Übersicht sind nur jene Lernbereiche genannt, die von mir selbst zu verantworten waren.

Mathematik	7
Grammatik	14
Rechtschreiben	6
Sport	2

Lesen	3
Geschichtenschreiben	2
Geschichten vorlesen und diskutieren	0

Als Erläuterung muß gesagt werden, daß Lesen zu einem guten Teil das Lesen eigener Geschichten einschließt, die wir regelmäßig zu klasseneigenen Lesebüchern zusammenstellen. Erzählen, Aufschreiben, Lesen und Diskutieren sind also schwerlich voneinander zu trennen.

Die Tabelle zeigt: Der Aufsatzunterricht ist außerordentlich beliebt. Bedenkt man, wie viele Kinder in unseren Schulen unter dem Joch des Schreibzwangs stöhnen (Robert Ulshöfer – 1976, S. 1 – berichtet, der Deutschunterricht stehe in der Wertschätzung der Schüler an fünfter bis 15. Stelle!), ist dieses positive Votum ein Indiz für erfolgreichen Unterricht. Das liegt nicht etwa an meinem Unterrichtsstil; gegen diese Vermutung sprechen das schlechte Ergebnis für Grammatik und die mäßigen für Mathematik und Rechtschreiben. Das zustimmende Urteil muß vorwiegend in der Unterrichtsform begründet sein.

Dennoch verwunderte mich, daß kein einziges Kind ein negatives Urteil über die Aufsatzrückgabe fällte. Dazu hatte sicherlich beigetragen, daß ich zwar zum Zeitpunkt der Befragung gerade drei Tage hintereinander Geschichten zurückgegeben hatte, davor jedoch drei Wochen lang keine einzige; die Kinder hatten wohl noch regelrecht ›Hunger‹ auf Rückgaben. (Ich lege ab und an bewußt solche Pausen ein, damit die Sache attraktiv für die Kinder bleibt.)

Als Erklärung für das ausnahmslos positive Urteil schien mir diese Tatsache jedoch nicht auszureichen.

Ich habe die Kinder darum gefragt, was ihnen an der Aufsatzrückgabe gefalle. Hier sind die Antworten:

›Alex‹: »Ich höre einfach gerne Geschichten.«

Annette: »Es macht doch Spaß!«

Christian: »Das Diskutieren ist schön.«

Katrin: »Ich möchte gern hören, was die anderen geschrieben haben.«

Steffi: »Das Sprechen und Antworten ist schön.«

Kerstin: »Ich möchte am liebsten hören, was die anderen zu meiner Geschichte sagen.«

Anja: »Ich bin immer gespannt, was die andern für Ideen gehabt haben.«

Jens: »Ich find das jedesmal interessant, wenn man merkt, welche Fehler man hat.«

Oli: »Man lernt viele neue Wörter und Ausdrücke kennen.«

Petra: »Da hört man auch mal, was die andern schreiben. Und vor allem: Das Diskutieren macht Spaß.«

Die anderen Kinder äußerten sich nicht – kein Wunder bei einer so schwierigen Frage.

Es scheint also, als trage zu dem Urteil ein Bündel positiver Erlebnisse beim Geschichtenlesen und -diskutieren bei. Jedenfalls darf angenommen werden, daß ein so uneingeschränkt positiv beurteilter Unterricht auch erfolgreicher Unterricht ist.

Mißerfolg: Nacherzählung

Nur einmal mißlang auch diese Unterrichtsform, dafür aber gründlich.

Ich hatte mit den Eltern abgesprochen, die Kinder nicht in weiterführende Schulen zu entlassen, ohne sie auf die dort übliche Praxis des Aufsatzschreibens vorbereitet zu haben. Deshalb ließ ich sie die oben wiedergegebene Nacherzählung vom Fuchs schreiben – eine Arbeit aus dem ›Grundschulabitur‹ eines anderen Bundeslandes.

Die Rückgabe in der gewohnten Form brach ich während der zweiten Stunde ab, weil die Kinder protestierten.

Christiane schimpfte: »Wenn man fünfmal das gleiche gehört hat, hängt es einem zum Hals raus. Dreißigmal kann doch kein Mensch aushalten!« Petra präzisierte: »Da schläft man bei ein. Hinterher kennt man fast jeden Satz. Und dann merkt man jede Kleinigkeit. Dann wird man richtig kleinig« (kleinlich).

Sogar Arne, der die Geschichte noch nicht gekannt hatte, bekundete Langeweile: »Als wir die Geschichte geschrieben haben, war ich ja krank. Aber jetzt kann ich sie auch schon auswendig.«

Oli sagte, was er vermißte: »Wenn immer dieselbe Geschichte kommt, weiß man ja schon, was kommt. Dann ist die Spannung weg. Dann macht es gar keinen Spaß mehr zuzuhören.« Als alle ihrem Unwillen Luft gemacht hatten, meldete sich plötzlich Arndt: »Also, ich find' das zwar auch langweilig, aber ich finde, man müßte sich ja auch langsam mal auf die andere Schule einstellen.«

Zusammenfassung:

Fragen, Wünsche, Forderungen und Interessen der Kinder diktieren den Verlauf jeder Geschichten-Rückgabe. Alle Geschichten werden im Kreis zurückgegeben. Das ist jederzeit möglich, weil die ständige Sitzordnung das Viereck ist. Um die sonst ausufernde Diskussion zu straffen, wandert das Wort einmal reihum.

Die Kinder lehren einander ohne des Lehrers Eingreifen. Sie teilen einander mit, was auf sie wie wirkte. Sie loben, tadeln, erörtern Verbesserungsvorschläge und die Bewertung. Die Kriterien für die Urteile erwachsen nach und nach aus den Zufällen des Unterrichts.

Wenn der Lehrer als Lehrender eingreift, tut er das ohne Curriculum ausschließlich nach den Erfordernissen des Gelegenheitsunterrichts:

- Er greift Anregungen und Anstöße der Kinder auf, wie sie sich im Gespräch gerade ergeben.
- Er nutzt, selten, Gelegenheiten, welche die Geschichten der Kinder bieten, für gezielte Übungen.

Diese Rückgaben stellen für die Kinder gleichzeitig eine Gesprächserziehung dar, deren Ergebnisse alle Richtlinien-Postulate weit übertreffen.

Nebenbei lernen die Kinder mancherlei, was zu lehren im systematischen Unterricht keine Zeit bleibt, wie: Wesentliches in Stichworten notieren.

Die Rückgabe der Geschichten ist wie kein anderer Teil des Aufsatzunterrichts geeignet, das Fundament der Freude zu legen.

Kapitel 8: Pädagogische Tat

Die kleinen Schreibanfänger in unseren Grundschulen sind begierig darauf, sich schriftlich zu äußern. Wenige Jahre später gilt Aufsatzschreiben als eine ausgesprochen ungeliebte Arbeit. Wie ist das möglich? Die Vermutung, es könne sich um einen ›natürlichen‹ Prozeß handeln, den Menschen hinter sich bringen müssen wie die Pubertät, ist widerlegt: Es gibt genug Klassen, in denen diese Entwicklung nicht zu beobachten ist.

Kein Zweifel kann sein: Die »schmale Motivationsbasis«, von der die NW-Richtlinien sprechen, ist nicht ›natürlich‹, sondern sie ist künstlich erzeugt. Für ein solches Kunstprodukt kommt überhaupt nur einer als Erzeuger in Frage: die Schule. Wer ehrlich und unvoreingenommen Bilanz zieht, kann zu einem anderen Schluß nicht kommen.

Aber was macht die Schule falsch? Wie verursacht sie einen derart beschämenden Mißerfolg?

Erika Essen sucht die Ursache des Dilemmas beim »deutschen Aufsatz herkömmlicher Art« (S. 62). Aber es wird wohl dem Gymnasium nichts nützen, wenn es sich in seiner ›Aufsatzerziehung‹ auf »Bildung des sprachlichen Bewußtseins als: Ordnungsbewußtsein, Formbewußtsein, Gestaltbewußtsein, Begriffsbewußtsein« (S. 148) wirft. Nichts Wesentliches würde sich ändern. Siegfried Weinmann meint, es fehlten für die ›Schreiberziehung‹ (der Sekundarstufe) Sachverhalte, die jenen Schreibformen entsprechen, die der Lehrer für wichtig hält, und es würden nicht echte, sondern wirklichkeitsfremde Schreibformen geübt. Sein inzwischen vielzitierter Aufsatz hat viel in Bewegung gebracht. Ich halte aber auch diesen Ansatz für unzulänglich, weil er den Lehrer in der omnipotenten Rolle des Regisseurs beläßt, der Schüler zu ›motivieren‹ versucht, seinen Unterricht zu akzeptieren.

In zu flachen Gewässern scheint mir Christine Mann zu segeln, wenn sie als Ursache für das Absinken des Freude-Pegels vermutet, Kinder wüßten nicht, wie sie das ihnen nicht näher bekannte Ziel treffen könnten, ›gut‹ zu schreiben (S. 40).

Ich meine, auch Valentin Merkelbach irrt, wenn er die »Unlust am Aufsatzunterricht« darauf zurückführt, daß jene Unterschichtkinder, die wir im Unterricht zum Verstummen gebracht haben, »sich jetzt . . . in einer ihnen nicht geläufigen Schulsprache äußern sol-

len« (S. 68). Er irrt, weil Schulaufsätze nicht nur von Unterschichtkindern abgelehnt werden (obwohl die zweifellos zuerst und als einzige Gruppe nahezu ausnahmslos mit unseren Aufsätzen zugrundeunterrichtet werden).
Erst recht zweifle ich, daß Robert Ulshöfers Vermutung für die Klassen 5 und 6 auf die Grundschule zutrifft: im Deutschunterricht werde zuviel geplaudert, es fehle »ein ausgewogenes Wechselverhältnis von Sprechen und Schreiben« (1976, S. 193).

Die Ursache des Dilemmas

Für die Ursache des Dilemmas halte ich dies: Die Kinder wollen unseren Aufsatzunterricht nicht. Er ist für sie widerwillig erfüllte Pflicht wie Geschirrabtrocknen und Aufräumen. Und das ist so, weil wir sie zu Objekten unserer Sprach-Erzieherei erniedrigt haben. In unserem Schreibunterricht veranstalten wir etwas mit ihnen, ohne uns um ihre Neigungen und Bedürfnisse zu kümmern. Nicht das Lernen der Kinder steht im Mittelpunkt, sondern das Lehren dessen, was wir aus irgendwelchen Gründen für richtig und wichtig halten. Bei uns regiert der Lehrer mit seinem Lehrplan, nicht das Kind mit seinen Wünschen.
›Curriculum‹ kann inzwischen jedes Erstsemester deklinieren. ›Kind‹ können viele junge (und alte!) Lehrer nicht mal mehr buchstabieren. Sie schreiben denn auch »Schüler«, und daran tun sie nur recht, denn sie meinen ja in ihren schriftlichen Unterrichtsvorbereitungen nicht Kinder, sondern die Objekte ihres Lehrens eben: Schüler. Wie sehr die Objekte sind, ist an der allerorten gedankenlos hingenommenen Gewohnheit abzulesen, in den schriftlichen Unterrichtsplanungen für ein Stück Schüler das Zeichen S zu setzen, für mehrere SS.
Schon in der Grundschule ist nicht unser erstes Ziel, das Leben der Kinder durch Schreiben zu bereichern, aus der Vorfreude *auf* das Schreiben die Freude *am* Schreiben zu machen, sondern wir überziehen sie mit ›Aufsatzerziehung‹. Kaum haben wir sie halbwegs Schreiben und Lesen gelehrt, probieren wir schon unsere ausgedachten Theorien an ihnen aus. Von der ersten bis dreizehnten Klasse befindet der Lehrer darüber, was gut für die Schüler sei. Von Anfang an lernen sie, daß nicht sie Wünsche an die Schule zu äußern haben, sondern daß die Schule etwas von ihnen verlangt. Die Sache gebietet angeblich dieses und jenes, und die Schüler

werden schon irgendwie mitmachen, wie auch wir früher mitgemacht haben. Unsere Didaktiker (und in ihrem Gefolge wir Lehrer) scheinen es nicht des Nachdenkens für wert zu halten, »daß es die Pflicht des Schülers sei, sich anzueignen, was die Schule ihnen anbietet, etwas gröber gesagt, zu schlucken, was sie ihm vorwirft, völlig gleichgültig, ob er danach Hunger hat oder nicht« (Wolfgang Metzger, S. 187). *Wir* bestimmen, was im Aufsatzunterricht wie geschieht. Nur darin unterscheiden wir uns voneinander, ob und wie wir sie dazu bringen, sich die von uns ausgesuchten ›Bildungsgüter‹ einzuverleiben. (Wir nennen das ›motivieren‹.)
Aber es interessiert die Kinder nicht, Objekte von Lehrers Bemühungen zu sein. Sie haben nicht das Bedürfnis zu tun, was er sich in seiner unbegreiflichen Überlegenheit ausgedacht hat. Es sind nicht ihre Sachen, die in der Schule verhandelt werden.
Wolfgang Metzger: »Man möchte es fast eine gerechte Strafe für die eifrigen Verkünder und Förderer unserer sogenannten Leistungsgesellschaft nennen, daß der junge Mensch, der unter Mißachtung seiner Grundbedürfnisse und Antriebsquellen zum ›Leistungs-Aggregat‹ erniedrigt wird, nicht mehr, sondern weniger Leistungsfähigkeit gewinnt, weil er in einer so unmenschlich konstruierten Schule kurzerhand die geistige Nahrung verweigert« (S. 226f.).
Aus dieser kinderfeindlichen Gedankenlosigkeit erwächst der »Aufsatz herkömmlicher Art« (Erika Essen) ebenso wie der Mangel an »pragmatischem Bezug« (Siegfried Weinmann); deshalb sinkt die Freude so schnell ab (Christine Mann); daher kommt die Mißhandlung von Unterschichtkindern (Valentin Merkelbach) und aller Kinder ebenso wie Lehrers Versuche, Schreiben, Lesen und Sprechen irgendwie auszutarieren (Robert Ulshöfer).
Das ist die Ursache des Dilemmas: Die Neigungen und Bedürfnisse der Kinder beachten wir nicht. Meist kennen wir sie nicht einmal. Viele von uns, führende Didaktiker voran, haben bisher nicht einmal das Problem wahrgenommen.

Unlust zu den deutschen Stunden

Die Beobachtung der Essen, Weinmann, Merkelbach, Mann und Ulshöfer und vieler anderer machen Fachleute seit jeher. Schon vor hundert Jahren beklagte Rudolf Hildebrand »die leidige Unlust zu den deutschen Stunden« (S. 3). Für ihn gab es keinen Zweifel, wie ihr zu begegnen sei: Er suchte den Weg zum »ursprünglichen Interesse«, das »die Theilnahme des ganzen innern kleinen Menschen« (S. 5) bewirken sollte.

Ein paar Jahre lang waren die Scharrelmann, Gansberg, Jensen, Lamszus, Münch, Anthes . . . auf dem Weg. Und wir? Wir können ›wissenschaftlich‹ bramarbasieren, daß einem Hören und Sehen vergeht. Aber Hildebrands Weg zu den Kindern kennen wir nicht mal vom Hörensagen.

Die Alten begannen ihn zu gehen. Sie starben, und wir gehen ihn nicht weiter. Ihre Logbücher gibt es nur noch in wenigen Exemplaren.

Ich habe versucht, den Weg der Alten nachzugehen, und habe erfahren: Er führt in die gewollte Richtung. Ich kann bestätigen, daß er leicht zu gehen ist, weil es beglückt, ihn zu gehen. Meine Arbeit hat mir mehr Freude gemacht als zuvor. Sie war abwechslungsreicher, überraschender und viel erfolgreicher als vordem. Freilich habe ich umlernen müssen. Das ist in diesem Buch wohl nicht oft genug beschrieben worden: wie ich der Versuchung zu dirigieren erlag, meine Interessen durchzusetzen versuchte, in alte Gewohnheiten verfiel. Nicht den *Prozeß* meiner bisherigen Entwicklung habe ich dargestellt, sondern das *Ergebnis*, meinen heutigen Stand. Das scheint mit gerechtfertigt, denn jeder Kollege muß seinen eigenen Weg suchen. Und jeder kann ihn gehen, wenn er das Ziel kennt.

Deshalb habe ich vorwiegend von meiner letzten Klasse erzählt, deren Lehrer ich von 1975 bis 1979 war. Diese Kinder haben das Lehrgeld ihrer Vorgänger nicht mehr für mich zahlen müssen. Deshalb war meine Arbeit erfolgreicher.

Zentrale Instanz: das Kind

Dies ist der Grundgedanke: Zuerst muß ein Fundament aus Freude gelegt werden. Das verlangt, auf Lenkung und ›Erziehung‹, auf Plan, ›Curriculum‹, Zielkontrollen und Korrektur in Rot zu verzichten. Das Fundament der Freude ist nicht zu haben, wenn der Lehrer den Gang der Dinge bestimmt. Vielmehr müssen die Kinder im Zentrum des Geschehens stehen. Alles Fortschreiten muß bestimmt werden von ihren Wünschen, ihren Neigungen, ihrem Vorwärtsdrängen. Nur jener Lehrer kann Erfolg haben, der gelernt hat, Lehr-Ehrgeiz zurückzustellen, der darauf verzichtet, die Richtung durch trickreiche Maßnahmen unmerklich zu bestimmen, der ermuntert, bestärkt, anspornt, anerkennt und jenes Klima freundlicher Gelöstheit schafft, in dem selbstbestimmte Arbeit am besten gedeiht.

Auf uns kommt es an

Von Kollegen sind Klagen über Staatsschul- und Beamtenzwänge zu hören, die auch eine Veränderung des Aufsatzunterrichts unmöglich machten: Wir möchten ja, aber wir dürfen nicht. Konrad Wünsche (1974) kritisiert unsere Aufsatzschreiberei als »eine von der Administration verordnete, damit vorgegebene und durch Didaktik nicht primär begründbare Zielsetzung« (S. 2).
Aber unsere Art des Aufsatzschreibens in der Grundschule ist nicht von der Administration verordnet. In den meisten Ländern ist unser Aufsatz-Unfug von der Administration *zugelassen*, nicht verordnet. Wenn ein Lehrer das besser zu machen versucht, wird es ebenfalls zugelassen.
Und der Vorwurf, Aufsatzschreiben sei didaktisch primär nicht

Hermann Weimer, 1907, über Kritik und Selbstkritik

»Und so dünkt es mich auch eines rechten Lehrers unwürdig, daß er, unter dem Druck des Schullebens seufzend, gleich in das allgemeine Geschrei nach staatlichen Reformen einstimmt, als ob von da allein die Rettung kommen könnte. Die Kritik am Bestehenden ist gewiß gut und förderlich, und wir wollen allen dankbar sein, die den Mut haben, auf wirkliche Schäden an unserem Schulwesen hinzuweisen. Sie schützen es dadurch vor verderblichem Stillstand, vor Versumpfung. Aber die segensreichste Kritik ist doch die Selbstkritik. Sie ist wie ein frischer Windhauch, der die eingenisteten Vorurteile aus Kopf und Herzen fegt. Die Einkehr bei uns selbst macht uns erst zur Umkehr fähig . . .
So schaue denn auch im Schulleben jeder zunächst auf sich und sein Werk. Er frage sich, wie er zu seinen Schülern steht, was er ihnen bisher gewesen und was er ihnen sein kann. Er mache aus seinem Amte eine persönliche Angelegenheit, dann wird seiner Arbeit der Segen nicht fehlen« (S. 157 f.).

begründbar, stimmt auch nur für das Verfahren des von Konrad Wünsche zitierten Lehrers, der morgens in die Klasse kommt: »Wir schreiben einen Aufsatz.« Solche und ähnliche Sätze werden sicherlich täglich in unzähligen deutschen Schulen dahergeschwätzt. Aber das ist nicht dem System anzulasten.
Was die Lamszus, Jensen, Gansberg, Münch zu Kaisers Zeiten taten, ist heute unvergleichlich leichter zu tun. Von »administrativer Verstörung« (H. Rumpf) in meinem Aufsatzunterricht habe ich seit vielen Jahren keinen Hauch verspürt.
Ich stimme der Kritik des Kollegen Wünsche in vielen Punkten zu. In einem aber ganz gewiß nicht: daß Gesellschaft, Administration und eine dieser anonymen Mächte die Schuldigen seien. So leicht darf man keinen von uns aus der Verantwortung entlassen: der Täter ist bekannt, kann aber nicht dingfest gemacht werden, und deshalb bleibt alles beim alten.
Wenn alle die Kritiker ihren eigenen Aufsatzunterricht so verändert hätten, wie es ihnen möglich ist, wäre der widersinnige Spruch von der kindzentrierten Pädagogik nicht erfunden worden.
Keine Lehrergeneration vor uns hatte je einen solchen Handlungsspielraum wie wir. Aber keine hat ihren Spielraum so wenig genutzt; keine auch war je so bangebüxig wie wir, so wenig entscheidungsfreudig, hat sich so laut im Joch der Vorschriften bedauert.
Die meisten Vorgesetzten verfolgen pädagogische Aktivitäten mit Sympathie, unterstützen sie auch. Eine Minderheit toleriert sie unsicher-schweigend. Eine noch kleinere Minderheit nur behindert uns. Was dann zu tun sei, ist ebenfalls von Alten zu lernen.
Als der Österreicher Johann Friedrich im Jahre 1905 Schüleraufsätze veröffentlichte, mit denen die ganze steif-nüchterne k.u.k. Pädagogik gegen den Strich gebürstet wurde, versicherte er treuherzig im Vorwort, nichts liege ihm ferner als Veränderung. Er lege »die Zukunft des Erziehungswesens mit bestem Vertrauen in die Hände jener Fachmänner, die erfahren genug sind und gelehrt, um beurteilen zu können, wie breit der Rand der Schreibhefte zu sein hat und wie schwer ein Beistrichfehler oder ein Verstoß gegen die normierte Schreibung der S-Laute zu ahnden ist . . . Es ist auf diesem Gebiete alles gut und gesichert« (IX).
Es war »ein Buch, unvergleichlich und bezaubernd wie ein überraschender Frühlingstag« (Greyerz, S. 360). Nicht vom Widerstand gegen Menschenverwalter war die Rede, sondern von Erlebtem, Geträumtem, Phantasiertem. Die Revolution schwebte einher im Kleide der Poesie. Johann Friedrich: Sympathie!
Noch im alten Jahrhundert, 1899, hatte der Schweizer Alexander

Ehrenfeld den »alten Pedanten, genannt Aufsatz« (Greyerz, S. 360) mit gar freundlichen Worten aufs Altenteil geleitet. Sanftmütig und ohne jeden Lärm legte er dar, was er in drei Jahren, »als Stellvertreter von einer Schule zur anderen ziehend« (V), probiert hatte. Nirgends schimmert Besserwisserei und Rechthaberei, an keiner Stelle klingt es wie »Hier stehe ich, ich kann nicht anders!« Statt dessen versichert Ehrenfeld, *dienen* wolle sein Büchlein, und wer nicht einverstanden sei mit dem Inhalt, werde doch »vielleicht die eine oder andere kleine Anregung daraus schöpfen können« (VI). An die Nachsicht der hochmögenden Fachleute appelliert er, versichert bescheiden zu wissen, daß er »manches darbiete, was in geringen Gaben als anregende Würze, in übertrieben grossen Massen als zehrendes Gift wirkt« (VI). Auf diese besänftigende Einstimmung folgt die Darstellung einer Revolution des Aufsatzunterrichts der Volksschule. Statt der auswendig gelernten ›gebundenen‹ Aufsätze und so atemraubender Themen wie ›Unsere Laubbäume im Frühling‹ gab es plötzlich von Kindern ausgedachte Indianergeschichten, den Brief eines römischen Legionärs aus Germanien, Briefwechsel der Schüler untereinander . . .
Und das alles nicht unter der knatternden Fahne des Umsturzes, sondern, laut Untertitel, »zur Belebung des deutschen Unterrichts«.
Die Revolution tanzte einher mit Schalmeienklängen. Alexander Ehrenfeld: Respekt!
Norddeutsch-herb verfuhr Heinrich Scharrelmann, Lehrer zu Bremen, nachdem seine ungelenken Versuche, Konfrontation zu meiden, an der Stehkragenwürde hanseatischer Schulverwalter gescheitert waren. Ganze Scharen eifernder Schulbeamter plusterten sich auf, zwirbelten entrüstet die Bärte. Verfahren wurden eingeleitet, Schriftsätze gedrechselt, ›Vorgänge‹ angelegt, der sperrige Lehrer vors Disziplinargericht gezogen: Da hatte ein Schulmeister die breitgetrampelten Pfade damaliger Staats-Pädagogik verlassen und posaunte das auch noch lauthals heraus!
Als Scharrelmann, erstmalig in Deutschland, mit den 50 Mädchen seiner fünften Klasse ein Buch schrieb und 1907 bei Alfred Janßen in Hamburg verlegen ließ, schrieb er im Begleittext: »Je strenger man sich an seinen vorgeschriebenen Lehrplan hält und an alle jene schweren Ketten, die dem freien Schaffen des Lehrers umgelegt werden, je mehr man bestrebt ist, ein guter Beamter zu sein, desto weniger taugt man als Schulmeister. So unangenehm es auch ist, aber es muß immer wieder gesagt werden: Die Kräfte wachsen nur in der Freiheit, und wer nicht den Mut hat, sich über die Torheiten und Engherzigkeiten seiner Vorgesetzten einfach hinwegzusetzen,

der wird niemals imstande sein, den Kindern das zu geben, wonach sie so sehr verlangen: Arbeitsgebiete und Arbeitsgelegenheiten, mit denen sich ihr Interesse vermählen kann. Das mögen sich alle Schulbehörden in deutschen Landen merken, vor allem aber alle Schulinspektoren und Schulvorsteher, wenn sie einmal einen Lehrer bei ernster, angestrengter, aber ›unerlaubter‹, d. h. nicht vorgeschriebener Tätigkeit antreffen« (S. 10).
Sie haben den schwerkranken Mann mit Verfahren überzogen, vom Dienst suspendiert und schließlich aus dem Amt gedrängt. Keiner unserer alten Reformkollegen hat lauter und mutiger Administration und Gesellschaft angeklagt. Aber er hat nicht bloß geredet, er hat auch gearbeitet: Er hat seine Schüler glücklicher gemacht.
Kollege Heinrich Scharrelmann: Salut!
Der Österreicher Johann Friedrich, der Schweizer Alexander Ehrenfeld und der Deutsche Heinrich Scharrelmann hätten wahrhaftig Grund genug gehabt zu sagen: Wir möchten ja, aber wir dürfen nicht. Sie haben es nicht gesagt, sondern sie veränderten die Schule mit Liebe, Langmut, List und Mut, jeder auf seine Weise. Und wir, die wir es so viel leichter haben als sie es hatten, ausgerechnet wir klagen: Wir möchten ja, aber wir dürfen nicht . . .
Fangen wir an, aus unserem »Amte eine persönliche Angelegenheit« zu machen, wie Hermann Weimer forderte. Fangen wir an, in das Zentrum unseres Aufsatzunterrichts das Kind zu stellen! Dann werden wir nach und nach eine neue Einstellung zu den Kindern finden, unser Selbstverständnis als Pädagogen und Kinderfreunde festigen. Dann werden wir beglückend erfahren: »Aufsatzreform ist Unterrichtsreform«.

Literaturverzeichnis

Anthes, Otto: Der Schulaufsatz ein Kunstwerk; Teil II, in: Der Säemann, Monatsschrift für pädagogische Reform; 1906, B. G. Teubner, Leipzig, S. 234ff.

–, Der papierne Drache; R. Voigtländers Verlag, Leipzig 1907

Beck, Oswald: Aufsatzerziehung und Aufsatzunterricht; ein Lehrerhandbuch; Bd. I (1.–4. Schuljahr), Bad Godesberg 1966

–, Verzicht auf die Aufsatznote? in: Westermanns Pädagogische Beiträge, 10/1971

–, Aufsatzunterricht heute; Zielsetzung, Methoden, Beispiele; Herder, Freiburg 1977

Beinlich, Alexander: Das schriftsprachliche Gestalten und die Stilpflege; in: Beinlich (Hrsg.): Handbuch des Deutschunterrichts, Bd. 1; Emsdetten [5]1969

Beyer, Klaus und Hans-Dieter Kreuder: Lernziel: Kommunikation; Linguistik für die Schule; W. Kohlhammer, Stuttgart, Berlin, Köln, Mainz 1975

Boettcher, Wolfgang, und Jean Firges, Horst Sitta, Hans Josef Tymister: Schulaufsätze – Texte für Leser; Schwann, Düsseldorf 1973

Boettcher, Wolfgang, und Gunter Otto, Horst Sitta, Hans Josef Tymister: Lehrer und Schüler machen Unterricht; Urban & Schwarzenberg, München-Berlin-Wien 1976

Boueke, Dietrich (Hrsg.): Deutschunterricht in der Diskussion; Forschungsberichte; Schöningh, Paderborn 1974

Copei, Friedrich: Von den Ursachen unseres Rechtschreibelends; in: Die deutsche Schule, Heft 6/1936

Diesterweg's Wegweiser zur Bildung für Deutsche Lehrer; Zweiter Band, Essen [5]1875

Ehrenfeld, Alexander: Schulmärchen und andere Beiträge zur Belebung des deutschen Unterrichts; E. Speidel, Zürich 1899

Enzensberger, Hans Magnus: Baukasten zu einer Theorie der Medien; in: Kursbuch 20, März 1970, Suhrkamp, Frankfurt/Main, S. 159ff.

Essen, Erika: Zur Neuordnung des Deutschunterrichts auf der Oberstufe; Heidelberg 1965

Friedrich, Johann: Sonnenschule; Ein Wiener Probejahr; Seemann Nachf., Leipzig und Berlin 1905

Fritzsche, Joachim: Literaturbericht zum Thema Aufsatzdidaktik; in: Westermanns Pädagogische Beiträge, 12/1973

Gamm, Hans Joachim: Die kritische Schule; München 1970

Gansberg, Fritz: Zum Studium des Alltags; Angewandte Aufgaben aus dem deutschen Sprachunterricht; in: Der Säemann, Monatsschrift für pädagogische Reform; Jahrgang 1912; B. G. Teubner, Leipzig, S. 545ff.

–, Der freie Aufsatz; Seine Grundlagen und seine Möglichkeiten; ein fröhliches Lehr- und Lesebuch; Dürrsche Buchhandlung, Leipzig 1914

Geffert, Heinrich (Bearbeiter): Deutscher Aufsatz und Stilunterricht; Heft 1 der Reihe Quellen zur Unterrichtslehre, herausgegeben von Georg Geißler; Beltz, Weinheim o. J.

Gössmann, Wilhelm: Sätze statt Aufsätze; Schriftliches Arbeiten auf der Primarstufe; Schwann, Düsseldorf 1976
Graucob, Karl: Der muttersprachliche Unterricht in der Grundschule (2.–4. Schuljahr); Band 35/36 der Reihe Wegweiser für die Lehrerbildung; Hirt, Kiel 1962
Greyerz, Otto von: Der Deutschunterricht als Weg zur nationalen Erziehung; eine Einführung für junge Lehrer; Klinkhardt, Leipzig 1914
Groth, Joachim Rüdiger: Aufsatzunterricht – mündliches und schriftliches Darstellen; in: Wolfrum, Erich (Hrsg.): Taschenbuch des Deutschunterrichts; Esslingen 1972, S. 150ff.
Haueis, Eduard und Otfried Hoppe: Aufsatz und Kommunikation; Schwann, Düsseldorf [2]1975
Helmers, Hermann: Didaktik der deutschen Sprache; Einführung in die Theorie der muttersprachlichen und literarischen Bildung; Wissenschaftliche Buchgesellschaft, Darmstadt [9]1976
Herrler, R.: Die Empörung des Subjekts; in: Der Säemann, Monatsschrift für pädagogische Reform; B. G. Teubner, Leipzig 1908, S. 348ff.
Herrmann, Wolfgang: Zur Krise der Aufsatzdidaktik; in: Boueke, Dietrich (Hrsg.): Deutschunterricht in der Diskussion; Forschungsberichte; Schöningh, Paderborn 1974
Hildebrand, Rudolf: Vom deutschen Sprachunterricht in der Schule und von deutscher Erziehung und Bildung überhaupt; Leipzig [7]1901 (1867)
Hoppe, Otfried: siehe Haueis, Eduard
Ingendahl, Werner: Aufsatzerziehung als Hilfe zur Emanzipation; Didaktik und Methodik schriftlicher Sprachgestaltung; Schwann, Düsseldorf 1972
Jäger, Siegfried: Die Beurteilung des sprachlichen Könnens im Rahmen des Problems der Aufsatzbeurteilung; in: Linguistische Berichte, 8/1970, S. 64ff.
Jensen, Adolf und Wilhelm Lamszus: Erwiderung (auf einen Beitrag von G. Lorenz); in: Der Säemann; Monatsschrift für pädagogische Reform; Jahrgang 1913, S. 25ff.
–, Der Weg zum eigenen Stil; Ein Aufsatzpraktikum für Lehrer und Laien; 9.-10. Tausend, Georg Westermann, Braunschweig und Hamburg 1923
–, Unser Schulaufsatz ein verkappter Schundliterat; 4.-6. Tausend; Alfred Janßen, Hamburg 1910
Kaiser-Meyer, Lothar: Aufsatzunterricht; Überlegungen zur Unterrichtsgestaltung in der 1. bis 6. Klasse; Bern 1969
Kempowski, Walter: Referat auf dem Berliner Akademie-Seminar am 9. 6. 1974, hektografiert nach Tonbandaufzeichnung
Kochan, Detlef C. und Wulf Wallrabenstein (Hrsg.): Ansichten eines kommunikationsbezogenen Deutschunterrichts; Scriptor, Kronberg 1974
Krause, Paul: Der freie Aufsatz in den Unterklassen (Theorie und Praxis); Ernst Wunderlich, Leipzig 1907
Kultusministerium Nordrhein-Westfalen: Richtlinien und Lehrpläne für die Grundschule in Nordrhein-Westfalen; Henn, Ratingen . . . 1973
Kultusministerium Schleswig-Holstein: Lehrplan in Schleswig-Holstein; Grundschule und Vorklasse; Band 1, Kiel 1978
Lamszus, Wilhelm: Sprache und Schulaufsatz; ein sozialpädagogischer Streifblick; in: Zeitschrift für Jugendwohlfahrt, Jugendbildung und Jugendkunde, Der Säemann; B. G. Teubner, Leipzig und Berlin, Jahrgang 1910, S. 286ff.

Lay, Wilhelm August: Führer durch den Rechtschreibunterricht; Quelle & Meyer, Leipzig 51922
Ludwig, Otto und Wolfgang Menzel: Schreiben; in: Praxis Deutsch, Heft 9/1975, Friedrich, Velber
Lüttge, Ernst: Die Umgestaltung des Rechtschreibunterrichts nach den Grundsätzen der Arbeitsschule; zweite, erweiterte Auflage; Ernst Wunderlich, Leipzig 1914
Mann, Christine: Aufsatzunterricht mit Acht- bis Zwölfjährigen; Grundlagen – Planung – Unterrichtshilfen; Kösel, München 1977
Meier, Henry: Schreibanlässe im Sachunterricht; Beispiel: Vom Mehl zum Brot; in: Die Grundschule, Westermann, Braunschweig, Heft 6/1979
Merkelbach, Valentin: Kritik des Aufsatzunterrichts; Eine Untersuchung zum Verhältnis von schulischer Sprachnorm und Sozialisation; 2., erweiterte Auflage; Diesterweg, Frankfurt, Berlin, München 1973
Metzger, Wolfgang: Psychologie in der Erziehung; Kamp, Bochum 31976
Münch, Paul Georg: Rund ums rote Tintenfaß; Essays über den Schüleraufsatz; Alfred Hahns Verlag, Leipzig 1909, 3. Tausend
–, Dieses Deutsch! Ein froher Führer zu gutem Stil; 6.-10. Tausend; Dürrsche Buchhandlung, Leipzig 1926
Otto, Berthold: Hauslehrerbestrebungen; in: Der Säemann, Monatsschrift für pädagogische Reform; Jahrgang 1908, S. 192f.
Rahn, Fritz: Die Schule des Schreibens; Ein Lehrgang der Stilbildung für die Volksschule; Frankfurt/Main 1935
Rauh, Sigismund: Der deutsche Schulaufsatz und seine Umgestaltung; herausgegeben von Martin Havenstein; Rösl & Cie., München, Leipzig 1923
Reiff, Paul: Praktische Kunsterziehung; Neue Bahnen im Aufsatzunterricht; Leipzig und Berlin 31910
Reiners, Ludwig: Stilkunst; Ein Lehrbuch deutscher Prosa; 33.–37. Tausend, C. H. Beck, München 1959 (1943)
Reumuth, Karl und Otto Schorb: Der muttersprachliche Unterricht; Dürrsche Buchhandlung, Bad Godesberg 81963
Rude, Adolf: Die Neue Schule und ihre Unterrichtslehre; 1. Band: Die Neue Schule; 2./3., verbesserte und vermehrte Auflage; Zickfeldt, Osterwieck 1930
Sanner, Rolf: Aufsatzerziehung und Ausdruckspflege in der Volksschule; Kösel, München 1964
Scharrelmann, Heinrich (Hrsg.): Der Geburtstag; Ein Geschichtenbuch mit Bildern, gedichtet und gemalt von der V. Mädchenklasse der Schule an der Birkenstraße in Bremen; Janßen, Hamburg 1907
–, Im Rahmen des Alltags; 800 Aufsätze und Aufsatzthemen für das erste bis fünfte Schuljahr; 21.–25. Tausend; Janßen, Hamburg 1909
–, Herzhafter Unterricht; Gedanken und Proben aus einer unmodernen Pädagogik; 11.–13. Tausend; Janßen, Hamburg 1910
–, Richtlinien der Aufsatzreform; in: Der Säemann, Monatsschrift für Jugendbildung und Jugendkunde; Jahrgang 1914; B. G. Teubner, Leipzig und Berlin, S. 446ff.
–, Erlebte Pädagogik; Gesammelte Aufsätze und Unterrichtsproben; Janßen, Hamburg und Berlin 1912
Schau, Albrecht: Von der Aufsatzkritik zur Textproduktion; Wilhelm Schneider, Hohengehren 1974
Schleich, Gustav: Der Rechtschreibunterricht im Sinne Dr. Lays; in: Sächsische Schulzeitung, Dresden 1908

Schlotthaus, Werner: Projektorientierter Deutschunterricht; Ein Vorschlag für die Orientierungsstufe; in: Schau, Albrecht
Schmieder, Arno: Der Schulaufsatz; Tatsachen und Möglichkeiten; B. G. Teubner, Leipzig und Berlin 1914
Schneider, Wilhelm: Neue Wege der Stilbildung; Ein Beitrag zur Erneuerung des Aufsatzunterrichts; Heft 18 der Reihe ›Wege und Winke‹; Frankfurt/Main ²1925
–, Deutscher Stil- und Aufsatzunterricht; Frankfurt/Main ²1927
Schopenhauer, Artur: Zürcher Ausgabe; Werke in 10 Bänden; Band 2.2, Diogenes, Zürich 1977
Schröter, Gottfried: Die ungerechte Aufsatzzensur; Kamp, Bochum 1971
–, Informations- und Trainingsmappe für das Zensieren von Schüleraufsätzen; Kamp, Bochum 1972
–, Zensuren? Zensuren! Schwann, Düsseldorf 1977
Schwartz, Erwin: Schreiben: Wann? – An wen? – Wozu? in: Die Grundschule, 1/1979
Sennlaub, Gerhard (Hrsg.): Heimliches Hauptfach Rechtschreiben; Bagel, Düsseldorf 1979
Singer, Kurt: Aufsatzerziehung und Sprachbildung; München ⁴1970
Tucholsky, Kurt: Gesammelte Werke; Band 2; Büchergilde Gutenberg, Frankfurt/Main 1972
Ulshöfer, Robert: Methodik des Deutschunterrichts; Bd. 1, Unterstufe (gemeint: des Gymnasiums!); Klett, Stuttgart ⁷1976
–, Methodik des Deutschunterrichts, Bd. 2, Mittelstufe I; Klett, Stuttgart ¹⁰1976
Vester, Frederic: Denken, Lernen, Vergessen; Deutsche Verlags-Anstalt Stuttgart 1975
Weber, Albrecht: Das Problem der Aufsatzbeurteilung; Auer, Donauwörth 1969
Weinmann, Siegfried: Schaffung komplexer Schreibsituationen; in: Der Deutschunterricht, Heft 22/1970, Klett, Stuttgart
Wolf, Alfred: Freie Kinderaufsätze aus dem dritten, vierten, fünften und siebenten Schuljahr; Ernst Wunderlich, Leipzig 1908
Wünsche, Konrad: Schüler schreiben Schulreportagen; in: Akzente, 1970, S. 345, Carl Hanser, München
–, Die Wirklichkeit des Hauptschülers; Berichte von der Schweigenden Mehrheit; Kiepenheuer & Witsch, Köln 1974
Zander, Sönke: Aufsatzunterricht in der Grundschule; Kamp, Bochum ³1975

Namenregister